改訂
スポーツ倫理

近藤　良享
Yoshitaka KONDO

不昧堂出版

本書の無断複写は、著作権法上での例外を除き、禁じられています。
　複写される場合は、そのつど事前に（社）出版者著作権管理機構の許諾
を得て下さい。

一般社団法人 出版者著作権管理機構 |**JCOPY**|

〒162-0828 東京都新宿区袋町 6 日本出版会館

電話:03-3513-6969　Fax:03-3513-6979　e-mail:info@jcopy.or.jp

ホームページアドレス：http://www.jcopy.or.jp/

改訂にあたり

　2012（平成24）年に『スポーツ倫理』を出してから6年が経過しました。その間、体育・スポーツをめぐって様々な出来事がありました。

　その間の最大の出来事と言えば、1964年の第18回東京オリンピックに続き、2020年にも再び東京でオリンピックが開催されることでした。2013年9月7日（日本時間、8日）の夕方に開催都市が決まる時、私はアメリカにいました。国際スポーツ哲学会大会（アメリカ・カリフォルニア州大学フラートン校）で滞在中のホテルで、研究仲間らとIOC総会の発表を固唾を飲んで見ていました。ロゲIOC会長が「TOKYO」と書かれたボードを示した時、喜びの拍手をする仲間もいましたが、中には招致決定を素直に喜べない人もいました。私も素直に喜べない中の1人でした。近年の灼熱の東京都内での開催は本当に大丈夫だろうか。不安の方が先立ちました。

　その開催決定から5年余りが経過し、2020年東京オリンピック・パラリンピック（以下、オリパラ）が近づいてきました。開催まで1年半となり、メディアを通じてほぼ毎日のように、オリパラ関連の話題が出てきます。

　日本では新しい競技会場の建設が遅れることはまずありません。仮にそんなことが懸念されれば、マスコミが厳しく糾弾するのでハード面は大丈夫でしょう。しかし、心配なのはオリパラ開催期間の気候、天候です。日本の7月末から9月半ばまでは高温多湿でスポーツに適した環境ではありません。選手や関係者はそれなりの覚悟（順化のトレーニング）が出来ているでしょうが、心配なのは応援にくる観客です。また、アジアやオーストラリアは時差の影響は少ないですが、欧米諸国からの訪問者は、時差に加えて熱中症も心配です。連日35度を超える中での競技や観戦は過酷です。プレーヤーズ・ファースト（player's first）ではなく、この時期に夏季大会の開催と決めているIOCファーストです。おそらく、関係者は事故、病気なく安全にオリパラが終わることを祈願しているでしょう。マラソンのスタートも早朝の午前6時になりました。

4　改訂にあたり

　こうした開催時期の問題に留まらず、オリパラの大きな影響力が心配です。スポーツにはパワーがありますが、それはプラス、マイナスのどちらにも作用します。プラスのパワーが働けば人々に豊かな人生の推進力となり、逆にマイナスに働けば、身体的な障がいはもとより、精神的にも深く傷つきます。時には、完全にスポーツから退去するに留まらず、嫌悪、恨みさえも抱くようになります。スポーツ体験の喜怒哀楽の振り幅が大きいほど、プラス、マイナスの影響が拡大します。

　スポーツは現代社会の中で大きな意味や価値づけがされるために、個人的、社会的、大げさに言えば、国家的、さらにはグローバルな影響が及びます。よって、真性（ほんもの）のスポーツを正しく理解することが欠かせません。それがスポーツ倫理やスポーツ教育が目指す目標となります。つまり、スポーツの本質を理解し、それを実践することによって、スポーツ本来の価値が享受できることを伝えるのです。スポーツでわかりやすいのが勝敗です。そのために、スポーツの価値が矮小化されると単なる勝敗だけ、メダルの獲得の競い合いになる傾向があります。しかし、単なる勝敗、メダル争いだけではこれほど長くオリンピックもスポーツも実践されず、学校教育（体育授業、運動部活動、体育的行事）にも、老若男女が集う地域のスポーツクラブ活動も盛んにならなかったでしょう。

　体育やスポーツ活動を正しく理解して、人生の豊かさに結びつけるには、良質の体育やスポーツの理論が必要になります。いたずらに、またがむしゃらに活動すればよいのではありません。スポーツはやり方によっては悪影響も及ぼします。体育・スポーツ科学研究の進展によって、過去の指導実践が誤りとされることもあります。特に、指導者（教員）は、自分自身の経験がベースとなって自身の指導方法をつくりあげるでしょうが、それがいつも間違っている可能性を疑い、吟味しながら指導（体育授業、体育的行事、運動部活動）する必要があります。

　私は、体育・スポーツ系の大学に勤務しているからこそ、「私たちの専門領域は、自分の命、そして人の命を預かっている」と繰り返します。自分自身が運動部活動を通して子どもたちを指導する立場にある学生もいます。スポーツ科学の知見は日進

月歩なので、絶えず勉強、研究していないと大変な事態を招きます。今では信じられないでしょうが、私が中学生だった頃、部活動中に「水を飲むな」、「肩が冷えるからプールは禁止」でした。今どき活動中に水を飲ませない指導者などいませんし、プロ野球の投手が降板後にアイシングする姿を見れば、全く正反対の方法で教えられていました。

　本書で扱ったものは、いずれも私が講義や講演の中で話したり、論文として発表したものがベースにしてあります。初出は各項の末に記載されていますが、「スポーツ倫理」という全体的なコンセプトにぶれないように修正しています。

　内容を少し紹介すると、第1章は、議論のベースとなる主要な概念が論じられます。スポーツ倫理、体育、スポーツの概念を正しく理解しておかないと問題事例が適正に判断できません。概念（言葉）としてある程度の共通基盤がないと、議論をしても的外れになります。概念論は議論を行う上で必須です。

　第2章：ドーピング問題は、「ドーピングの問題史～スポーツはどこへゆく」、「ドーピング問題に見るエンハンスメント社会」で構成されています。ドーピングがオリンピック大会で禁止される前の状況から、1968年のドーピング禁止、そしてそれ以降から現代までの問題事例がとりあげられます。さらに生命科学の進展に伴う増強的介入と言われる「エンハンスメントとしてのドーピング問題」を論じます。

　第3章：運動部活動の再考は、「アンペイドワーク（unpaid work）をなくす」、「部活動をめぐる問題～学業と競技の両立」です。「定額働かせ放題」と批判される運動部活動と望ましい運動部活動のあり方を再検討します。

　第4章：根絶すべき体罰問題は、旧版にはなかった章です。2012年の桜宮高校で起こった自死事件は、私たち関係者に事件の衝撃と、体罰問題への取り組みの不十分に猛省を迫る出来事でした。改めて体罰・暴力の問題性を指摘すると共に、未だに根絶できない理由を考察しています。

　第5章：学びとしてのフェアプレイです。「諸刃の剣の子どもスポーツ」、「大人の責任、フェアプレイ」は、指導者次第で子どもたちがフェアにもアンフェアにもなる

ことが語られています。

　第6章：スポーツの本質論は、「意図的ルール違反をめぐる論議」、「ゴルフに見るスポーツの本源」として、正しくスポーツを理解するための不可欠な内容が示されています。意図的ルール違反を行うことがいかにスポーツ自体を崩壊させるかの理由が述べられています。

　最後の第7章：新しいスポーツ倫理の視座は、旧版にはなかった章です。「オリンピックと身体」は、より速く、より高く、より強くをめざす進歩主義によって、身体がどのように変容していくかが示されています。また、「男女別競技に見るスポーツの平等と公正」は、競技能力・パフォーマンスの差異を極限まで見極めようとする価値観と結果の不確定性を享受しようとする価値観が対照されています。

　本書で展開される私の主張は、皆さんの考えと異なり、相対立することも多々あるでしょう。しかし、「社会で行われるスポーツが本物・真性と思い込まないで、本物・真性のスポーツを学校では教えるべき」という基本姿勢だけは共有していただきたいのです。現代スポーツはいろいろ利用できるために、変形したり蝕ばまれています。体育やスポーツの本質を理解できれば、変形や変質を見抜き、本物、真性のスポーツ活動を実践、指導、鑑賞・評価できるようになります。関係者の全員参加でスポーツの世界を守っていく必要があります。

　この『改訂スポーツ倫理』が、読者の皆さんの体育やスポーツ活動の質的向上に貢献できれば幸せです。1人でも多くの人々が、体育やスポーツの価値に触れ豊かな人生に生かしてもらえることを切に願っています。

　最後になりましたが、『スポーツ倫理』から新たな内容を加えた『改訂スポーツ倫理』の企画、構想に賛同して下さった不昧堂出版の宮脇陽一郎氏に感謝申し上げます。

　　　2018年12月　師走の東山の地にて　　　　近藤良享

目　次

改訂にあたり

第1章　主要な概念

- スポーツ倫理とは……………………………………………… 10
- 体育とは、スポーツとは……………………………………… 20

第2章　ドーピング問題

- ドーピングの問題史〜スポーツはどこへゆく………………… 32
- ドーピング問題に見るエンハンスメント社会………………… 45

第3章　運動部活動の再考

- アンペイドワーク（Unpaid Work）をなくす………………… 56
- 部活動をめぐる問題〜学業と競技の両立……………………… 66

第4章　根絶すべき体罰問題

- スポーツ指導と体罰〜倫理なくしてスポーツなし…………… 82
- なぜ部活動の体罰・暴力が表面化しないのか ………………… 101

第5章　学びとしてのフェアプレイ

- 諸刃の剣の子どもスポーツ〜賢明な保護主義………………… 118

- 大人の責任、フェアプレイ ………………………………… 130

第6章　スポーツの本質論

- 意図的ルール違反をめぐる論議 ……………………………… 142
- ゴルフに見るスポーツの本源 ………………………………… 154

第7章　新しいスポーツ倫理の視座

- オリンピックと身体 …………………………………………… 166
- 男女別競技からスポーツの平等と公正を考える …………… 192

第 1 章

主要な概念

- スポーツ倫理とは
- 体育とは、スポーツとは

スポーツ倫理とは

　はじめに、本書の『スポーツ倫理』という概念を説明します。それを理解してもらったうえで、本書が目指す、「フェアな参加者を育むこと」も達成できると思うからです。

　「スポーツ倫理」という言葉を聞いて皆さんは、何を思い浮かべるでしょうか。フェアプレイ、スポーツマンシップでしょうか。スポーツ世界の美徳とされるフェアプレイやスポーツマンシップは、昔から金科玉条のごとく唱えられていますが、その一方で、勝利追求のためには倫理や道徳など不要で、時には勝利への妨げになると考えている人もいます。しかし、スポーツ倫理としてのフェアプレイやスポーツマンシップは、なぜスポーツ世界に必要なのでしょうか。本書の最初に、それについて考えてみます。

　エシックスやモラルは外来語で、日本語では、倫理や道徳と翻訳されます。両者は同じような意味で用いられることもありますが、あえて区別すると、倫理は社会的で外面的、そして道徳は個人的かつ内面的（良心）と言われます。エシックスはエートスという気風、精神、風潮といった意味の言葉、他方、モラルはモーレスという風俗や習慣から派生した言葉です。共に、人々の生活が気風、精神性、風俗、習慣によって制約を受けつつ、世界秩序の保持に役立っています。

　エシックスやモラルの語源を参照すると、スポーツ倫理は、スポーツ世界において歴史的、文化的に形成されてきた気風、精神性などであり、その具体的な現れが、フェアプレイやスポーツマンシップとして受け継がれてきたと理解できます。

スポーツ倫理は何のためにあるか

　スポーツ倫理をスポーツのルールとの関わりで考えてみましょう。

　スポーツのルールを大きく分けると構成的ルールと規制的ルールの2つに分けられます。構成的ルールは特定のスポーツの進め方、つまり競技方法が記載されています。一般的には、あるスポーツが行われる際の目的、手段、空間、時間、用具・用品、評価方法、罰則などが定められています。サッカーで例をあげると、目的：相手チームよりも多くの得点をとる、手段：コート内ではキーパーを除いてボールを手で扱わない、空間：特定の区域、時間：前後半45分、用具・用品：決められたボールを使用する、評価：多くの得点を得たチームを勝者とする、罰則：たとえば、相手をつまずかせたりすれば、相手にフリーキックを与えるといった具合になります。構成的ルールは、あるスポーツを行う際の重要な要素が定められているのです。

　他方、規制的ルールというものもあり、それは参加資格を定めるルールです。たとえば、かつてのオリンピック憲章のアマチュア規定（1974年廃止）、また1968年に定められたドーピング禁止や性別確認検査などの規程が代表的な例です。これらの規制的ルールは、スポーツの世界がドーピングに蔓延しないように、また男女別競技の秩序が守られるように制定されています。他にも、大会運営のための標準記録のルールや、選手が安全に競技ができる条件を制定したルールもありますが、規制的ルールは競技のやり方を明記する構成的ルールとは違って、秩序あるスポーツ世界を維持するために決められています。多くは、各競技団体それぞれが独自で規制的ルールを定めています。

　スポーツのルールは条文として明記されています。原則として、ルールは新たな行為が行われたり、新たな事象が出てきた後に、ルールとして決めら

12　スポーツ倫理とは

れたり、改訂されたりします。次の第2章のドーピングのところで述べますが、2003年には、「遺伝子治療を応用する方法」の禁止規程が追加されました。あるいは、2008年頃に、魔法の競泳水着の「レーザーレーサー」によってあまりに水泳競技の世界記録が更新されすぎてしまったためか、その使用が禁止されることになりました。

　新たに生じた行為・事象に関してはこれまでの条文によって解釈するか、新たな条文を制定し直すことになります。そして、明記されていない部分というのは、無法地帯ということではなく、スポーツ倫理という規範が働く場となります。

　さらに最も重要なスポーツ倫理の働きは、スポーツのルールそのものを守る精神にあります。スポーツに参加する人たちが、スポーツのルールを守る気持ちや精神をもっていないと、ルールはルールとして機能しません。

　たとえば、審判員に見つからなければ、平気で反則したり、薬物ドーピング検査で陽性反応にならない魔法の薬が出てくれば、こっそりとドーピングを行うといった具合です。ルールに定められた罰則よりもそれに見合う以上の有利さが得られる場合は、平気でルールを破るし、見つかる心配がないところでは自己利益を追求する。こうした利己的な選手たちが多数になると、どのようにルールを厳格に整備したとしても、スポーツ世界の秩序は維持できないと思われます。

　スポーツ世界も一般社会も同じです。ルールの罰則によって秩序がすべて維持されているのではありません。基本的にルールは守るという精神によっても支えられています。加茂が「順法精神そのものは法によって強制できることではなく、この点では法は道徳に依存している」（加茂、117頁）と述べるように、ルールとモラルは車の両輪のように一緒になって秩序を保つために役立っています。

　仮にスポーツ倫理がなければ、罰則による外的な強制力によるがんじがら

めのスポーツ、つまり、あれをやってはだめ、これもだめと禁止だらけの活動になってしまいます。しかしその反対に、参加者が、的確にスポーツ倫理を理解して活動していれば、本当にわずかなルール設定だけで、自由にスポーツができます。罰則のルールが多いか、少ないかで、スポーツ倫理が十分に機能しているか、機能していないかがわかります。つまり、スポーツ倫理は、参加者たちが自立・自律しているかどうかの目安となるのです。

何をスポーツ倫理で問題とするか

　現実のスポーツ世界に目を向けると、問題が山積しています。倫理やモラルが元々、人間関係の在り方（人倫）を出発点としているため、スポーツ倫理もスポーツに関わる人々それぞれの関係性から派生したいろいろな問題の発生源となる可能性があります。

　皆さんが承知のように、スポーツ（大会やイベント）には本当に多くの人々が関わっています。スポーツ大会は、選手、監督、コーチ、審判員、競技・協会役員、観衆、マスコミ、スポーツ科学研究者など、実に多くの人々によって構成されています。オリンピックやワールドカップなどの国際的な規模ですと、もっと多数の人々が関与します。人と人との関係するところでは倫理、道徳的な問題が発生する可能性があるので、関係者の数が増えれば増えるほど、トラブルが増えることは間違いありません。

　ここでは、スポーツを競技スポーツに限定して、ゲームの場面とそれ以外の場面、つまり競技場内と競技場外の問題に分けて、具体的なスポーツ倫理の問題状況を提示してみます。

　競技場内の問題で一般的なのは、意図的ルール違反です。特に得点の多さを競い合う球技系のスポーツ（野球、サッカー、バスケットボールなど）

14　スポーツ倫理とは

では、得点を防ぐために意図的にルール違反する場面があります。そうした場面では、意図的ルール違反には構成的ルールの中にそれ相応する罰則が決められているので、それは戦術の範囲内と考える人もいます。また、得点されそうな重大な場面では意図的にルール違反を行うことが賞賛されるようなスポーツも中にはあります。（この点については、第6章：スポーツの本質論の「意図的ルール違反をめぐる論議」の中でもっと詳しく説明しますので、参照してください）

　しかし、意図的ルール違反が頻繁に行われるゲームというのはどんなゲームでしょうか。経験的には、目には目をではないですが、「お互いが、反則には反則の仕返し」となる傾向があります。よって、意図的ルール違反が頻発するようだと、対戦相手同士が険悪な雰囲気になって、それはまるでけんかや戦争かの様相を呈してきます。そんな雰囲気で行われるゲームは、本当にスポーツのゲームとして望ましいかどうかは、改めて論じる必要はありません。スポーツのゲームは、当然、けんかや戦争とまったく違います。その意味で、スポーツには互いに「技を競う対戦相手」はいますが、けんかや戦争のように、排除すべき「敵」はいません。そのためにスポーツ場面で、決して相手を「敵」と呼んではいけないのです。

　意図的ルール違反と並んで、ゲーム中には審判員の判定ミスがあります。第6章：「ゴルフに見るスポーツの本源」で説明しますが、近代スポーツが始められた時には、ゲームは、互いの相互審判であって、第三者としての審判員はいませんでした。対戦相手同士が誠実にルールに従ってプレイし、正確に相互に判定していればそれで十分にゲームを行うことができました。ところが、判定をめぐってトラブルが起きたりすると、判定の客観性が求められます。そこから、第三者的な審判員が登場してきます。第三者としての審判員も人の子である以上、間違った判定を行うことは避けられません。必ず誤審はあるのです。そこでの審判員が自分の判定ミスに気づいたとき、

「一度判定を下したら誤りでも訂正すべきではない、つまり私がルールブック」と考えるか、あるいは「正しい判定に訂正すべき」と考えるかは、審判員のモラルの問題となります。自分自身しかその判定ミスに気づいていない状況ですと、まさしく審判員自身がゲーム結果を左右するような判断を下すことになります。

　ゲームの勝ち負けは不確定ですが、ゲームが公正に行われたかどうかは保証できます。それは可能な限り、正しい判定が下され、誤審とわかればそれを訂正してゲームが進められることが条件です。誤審を正すことが審判員のモラルとして求められます。ただし、現実には自分の誤りを素直、正直に認めることは勇気のいることですが。

　競技場内で生じる倫理やモラル問題は他にもたくさんありますが、何といってもゲーム中に起こることよりも、競技場外の問題の方がはるかに人々の関心が集まります。その理由は、まさにスポーツが社会的に重要な関心事だからです。それは、スポーツ新聞ではなく一般の新聞であっても、以前に比べるとスポーツ欄・記事が増加しているし、テレビのスポーツ中継も以前よりも盛んになっていることからもわかります。しかしながら、人々に人気があればあるほど、スポーツを自分のために利用する人が出てきます。この次の項で、「体育とは」「スポーツとは」の中でお話しますが、「スポーツ」は、どのようにも色づけできる中立的な存在であることから利用されやすいのです。それは、政治的にも、経済的にも、教育的にもです。

　様々な人が自分の目的のためにスポーツを利用すると、純粋で非日常的なスポーツとは裏腹の利害が絡むようなスポーツへ変質してしまいます。それは、直接的にも間接的にも、国威高揚、商業主義、勝利至上主義、体罰といった問題となって現れます。これらによって、本来、純粋で非日常のスポーツ世界の価値を損ねてしまいます。

　スポーツには、2つの価値、つまり内在的価値と外在的価値があります。

16　スポーツ倫理とは

前者のスポーツ実践そのものから得られる価値（達成感、壮快感、満足感）と、後者のスポーツを行った結果による価値（健康、体力、金銭、名声）は、多くの識者が指摘していますが、内在的価値よりも外在的価値を優先すると、様々な問題が生じると言われています。

　国際オリンピック委員会（IOC）のジャック・ロゲ会長は、様々な機会を捉えて、オリンピックを崩壊にまで導く3つの懸念を表明しています。

　その1つは、テロリスト問題です。2001年9月11日、世界貿易センタービルなどが標的となったアメリカ同時多発テロは、スポーツ関係者が最も懸念する出来事となりました。この事件は、オリンピックの開会式に、ハイジャックされた飛行機がスタジアムに飛び込む光景が、SF世界の出来事ではなく、現実に起こりうる可能性が示唆される出来事となりました。4年に1度のビッグイベントであるオリンピックは、最上に利用価値のあるイベントとなっているだけではなく、逆に、スポーツを衰退させてしまう場でもあります。テロリストの妨害を防ぐために、オリンピックの開催の約3割は警備費に費やされているとも言われています。

　2つめは、ドーピング問題です。この問題については、次の第2章でいろいろな観点からドーピング問題を論じますので、それを参照してもらいますが、2004年のアテネ・オリンピック大会の閉会式において、ジャック・ロゲIOC会長は、「ドーピング問題」がオリンピックを崩壊させる脅威として警告を発しています。

　ドーピング問題は、第二次世界大戦後、オリンピック関係者の間ではすでに問題化していました。そして1968年のドーピング禁止規程の発効後も、規程の抜け道を選手、コーチらが探し、1988年のソウル・オリンピックにおけるベン・ジョンソン事件に象徴されるように、選手、コーチ、医師が綿密に計画を立てドーピングを行っていました。

　ドーピング問題は、ルールによって禁止されていても、新しい薬物・方法

第1章　主要な概念　17

の開発とそれを検出する技術開発という「イタチゴッコ」状態がすでに40年以上続いています。今後、様々な科学技術、とりわけ遺伝子工学のスポーツ界への応用などが新たな火種となることは間違いありません。

　3つめは、日本の大相撲の八百長問題とも絡んで、スポーツ（選手）とギャンブル、八百長との関係です[注]。この問題についても、ジャック・ロゲ IOC会長が、テロリズム、ドーピングに並んで、スポーツ界の内部崩壊につながる大問題だと警鐘を鳴らしています。選手、審判員らが買収されたりすると、公営の賭け事のみならず、スポーツそのものの公正が損なわれてしまいます。日本の大相撲と賭け事の対象となっているスポーツとは根本的に異なりますが、永久追放といった厳罰化だけでは防止できないことは明白です。この問題も、これまでのスポーツマンシップやフェアプレイ精神では、対応が難しく、新たな規範としてのスポーツ倫理の構築が求められます。

誰が新しいスポーツ倫理を創りあげるのか

　残念ながら、スポーツ倫理は、個別事例のための具体的な問題解決方法を示すことはできません。ただ単に、よりよいスポーツ世界にするための指針を示すだけです。指針というのは適用・応用範囲はとても広いのですが、いざ、ある問題事例が自分自身に降りかかった時、どの指針をどのように用いるかは、本人自身に任されています。そのことは、人間は1人ひとりが同じではなく、異なる状況の中で生きているからです。換言すると、人格の個別性のためには当然のことですが、どのようなスポーツ倫理を自分自身の問題に当てはめるかは、人それぞれということになります。

　その一方で、スポーツ世界は、日進月歩で変化していきますし、それに呼応、連動してスポーツ倫理も変化していく部分があります。そのために、

かつては一般的に認められていた倫理やモラルが不要となったり、新たな状況下で倫理やモラルとして追加されたりします。

たとえば、サッカーのゲームの中で、選手が負傷した時に、意図的にボールを外に蹴り出す行為が行われ、プレイ再開後には不当に有利になったチーム側が、意図的に相手にボールを渡すプレイは、フェアプレイとして賞賛の拍手を受けることがあります。しかし、この行為も、意図的に相手にボールを渡すなど、相手チームが有利になるような行為を初めて行った時には、相手選手にも審判員にも観客にも何が起こったのかが理解できなかったと想像されます。自らの努力で有利にするのではなくて、労せず有利になった状況をそのままにしないで、元のフェアな状況に戻してゲームを再開する行為やその精神は、フェアプレイとして賞賛され、初めて行った選手の行為が今に引き継がれているのです。

ここには、哲学者の R. M. ヘアが唱える「相手の立場に立つ」という意識や精神性があります。お互い対戦相手同士が、共に勝利を目指してゲームを行いつつも、フェアなゲームによって勝利することが目指されています。ただゲームに勝つだけであれば、違法で、汚い手段も使えるのですが、構成的ルールにも、スポーツ倫理にもかなった勝利こそ最高のスポーツの価値が見いだせるのです。

この意味からすれば、スポーツ倫理は、規範として固定的にあるのではなく、ゲームが一回性の物語として創造されるように、絶えず新たなスポーツ倫理も創造されていくと言えるでしょう。

スポーツ倫理は、スポーツ参加者の総意によって、よりよいゲームの構築に重要な役割を果たしています。スポーツのルールやスポーツ倫理は、その発生から大勢の人々が関わって創意工夫し、形作られてきた歴史的、文化的な産物（レガシー）です。

本書が目指す、よりよいスポーツ世界の構築は、過去、そして現代のス

ポーツ実践を批判の対象にして、未来世代に引き継ぐべき貴重な事業であり、それは、今の世代のスポーツ参加者・関係者1人ひとりの手に、その責任が委ねられていると言っても過言ではありません。

　本稿は、近藤良享「スポーツモラル」、森昭三編著（1998）『スポーツの知と技』大修館書店を加筆修正した。

　注）日本における大相撲の八百長問題は、本書の旧版『スポーツ倫理』の第5章：スポーツ倫理の今、「大相撲の八百長事件を分析する」を参照して下さい。

【参考文献】
○フレイリー、近藤良享、他訳（1989）『スポーツモラル』不昧堂出版
○加茂直樹（1991）『社会哲学の諸問題』晃洋書房
○山内友三郎（1991）『相手の立場に立つ』勁草書房

体育とは、スポーツとは

キー概念の検討が必要な理由

　私たち体育やスポーツの関係者は、あまり意識することなく、「体育」や「スポーツ」などの言葉を使っています。そのため、これらの言葉をその出自（由来、起源、語源など）から、その意味を理解して厳密に使い分けしている人は、専門家でも数少ないのではないでしょうか。日常的な会話、雑談であれば、体育やスポーツを厳密に区別しなくてもあまり問題とはなりませんが、少し専門的な場に行くと、言葉を厳密に使わないと思わぬ出来事が起こります。日常的な例をあげるとわかりやすいので示してみます。

　高校の同級生だった A 君と B 君は、5 年前に大学を卒業して共にサラリーマンになりました。A 君が久しぶりにゆっくり一杯飲もうと B 君に電話をかけます。A 君は、東京都心の S 居酒屋に午後 6 時ではどうかと尋ね、B 君も大丈夫と了解します。

　約束の当日、A 君は午後 6 時の待ち合わせ時間の 10 分前には、その店の前で B 君を待っていました。しかし、B 君が約束の午後 6 時を過ぎても店に来ません。今の時代ならば携帯電話で連絡を取り合えば状況がつかめるでしょうが、少し前の携帯電話が普及していない時ならば、「どうして B 君が S 居酒屋に来ないのだろうか」、「残業が出来たのか」、「電車が遅延しているのか」などなど、いろいろと思いを巡らしながら、ただひたすら待つしかありません。最悪の場合は、B 君が飲み会をすっぽかすことになるのです。

実は、A君がS居酒屋で待っていた時、同じくB君もS居酒屋で待っていました。こちらも誘ったA君がなぜ来ないのか理解できません。

皆さんは、なぜ2人が楽しく飲み始められなかったんか、その謎解きができますか。

その答えは、A君とB君が別の場所で待っていたからです。つまり、同じS居酒屋でもチェーン店だったので、それぞれが別のS居酒屋で待っていたのです。だから時間になっても相手が現れなかったというのが真相となります。

察しのよい皆さんは、ここではS居酒屋ですが、同じ言葉を使っていても、厳密に使わないと誤解する可能性があることがおわかりになったでしょう。2人が別々の場所XとYを思い浮かべ、A君は、XにあるS居酒屋、B君は、YにあるS居酒屋では、お互い楽しいときを過ごすことはできません。

それは、「体育」や「スポーツ」という言葉であっても状況は全く同じです。

たとえば、「体育は、今後、どのような方向に進むべきか」といった問いについて、2人で議論するとします。Aさんは、「体育」を「授業の体育」と理解し、Bさんは、同じく「体育」を「社会体育」と理解したとします。そうすると、同じ体育であっても、学校と社会一般では相当に違いがありますので、2人の議論に食い違いが生じる可能性は否定できません。厳密な議論には、まず、キーワードになっている言葉（概念）をできるかぎり相互了解し、確認してから議論を始めることが重要です。お互いが同じ言葉を使っていても違うことを考えていたら、とんちんかんな議論になったり、誤解を招いたりすることもあります。

そのようなわけで、この項では、私たちの領域でのキー概念である「体育」と「スポーツ」について、少しだけ「武道」、「遊戯」などの概念との対比も加えながら述べます。

「体育」とは何か

　実は、体育という言葉はいろいろな意味で使われています。それが明らかなのは、「体育」という日本語を英語に直した時によくわかります。『新英和大辞典第五版』（研究社）から、いくつか拾い上げてみます。

　たとえば、1964年の東京オリンピックの開会式の日、10月10日を記念して創設された「体育の日」は、現在、10月第二月曜日になりましたが、その英語表記は、Health-Sports Day です。また、「国体（国民体育大会）」は、the National Athletic(s) Meet であり、「日本体育協会（2018年日本スポーツ協会へ改称）」は、the Japan Sports Association（2005年4月改称、the Japan Amateur Sports Association）、さらには、日本の大学の学部名称に使われる、「体育学部」は、the Faculty of Physical Education となっています。

　この例の4つの体育は、英語では、その意味内容を考慮して、Health-Sports、Athletic、Sports、Physical Education が使われています。では、どの体育の英語表記が正しいのでしょうか。

　語源的に正しいのは、Physical Education です。これは、英国の哲学者である、H. スペンサーが唱えた、三育思想である、知育、徳育、体育がその原型だと言われています。Physical Education という概念は、明治時代に入ってきて、それが翻訳されて「体育」となったようです。Physical Education を直訳すると身体的教育になります。身体的教育は表記として長すぎるので、略語を使おうとしたと考えられます。その過程では、体育という言葉（略語）ではなく、身教、身育、体教といった言葉も可能性としてあったと思われますが、最終的に「体育」に落ち着いたようです。

　体育（Physical Education）はもともと身体的教育の略語なので、「教

育」の概念であることは間違いありません。教育ならば、原理的には、教育の目的があり、その達成に向けて、教える人（教師）が文化財（教材）を使って、教えられる人を目的達成にむけて導く機能、役目があります。体育の授業ならば、学校教育や体育の目的の達成に向けて、体育教師が、運動、スポーツなどを教材として使って、生徒らに、知識を伝承させ、技能を身に付けさせ、態度を教え育んでいくことになります。

　よって、厳密には、教育制度としての体育は、明らかに教育概念なので、1人ひとりが自由に体育の価値を決めるのではありません。予めその価値が付加・負荷され、ある一定の教育目的に向かいます。特に、学校教育の場合では、その時代ごとの教育目的に向かって、生徒たちを教育していくことになります。

　教科としての体育は、体術、体操、体錬、保健体育とその教科名称が変わっていますが、教育目的も時代と共に変わっていきます。正確にはその逆で、教育目的が変わって、教科名称が変遷してきました。戦時中の体錬科では、「軍国主義的人間の形成」が目指され、その目標は、規律節制、堅忍持久、質実剛健、服従精神の涵養とされていました。他方、現代の保健体育科では、「生涯にわたりスポーツが行える主体者の形成」が目指され、その目標は、運動への愛好的態度の形成、身体的発達の促進、社会的態度の形成、技能的習熟とされています。このことから、教科としての体育は、戦時中や現代というそれぞれの社会の制度を維持するような機能を持っていると考えられます。

　お気づきでしょうが、スポーツは、体育の教材（スポーツ文化財）として使われますが、後述するように、もともとスポーツには、教育という意味合い、教育色はありませんし、体育とは出自が異なります。しかし、日本では、外国から輸入されたスポーツが教育機関に初めに導入され、それを極めて教育的、手段的に使ってきたために、体育とスポーツが混同されてきた状況が

24 体育とは、スポーツとは

あります。しかし、同じ現象を示すのに、2つの名辞は不要で、同じ人に
2つの名前をつけるようなものです。冒頭に述べたように、体育とスポーツ
を混同して使っては議論が混乱してしまうと理解してください。

「スポーツ」とは何か

では、「スポーツ」とは何でしょうか。体育とは同じではないことはわかり
ましたが、どのような意味があるのでしょうか。その手がかりとし、武道や
遊戯と比較すると、理解が容易になります。

まず、「野球をする」、「柔道をする」という表現を英語で言ってみましょ
う。そうすると、「野球をする」は、play baseball で、他方、「柔道をす
る」は、practice judo となります。野球は、スポーツの一種で、柔道は、
武道の一種ですね。スポーツは、まさしく play（遊び、遊戯）であり、武
道は、practice（修行、稽古）であって、play ではないのです。

それを端的に表しているのは大会（競技会）です。スポーツでは、どの参
加者（選手）がそのスポーツの課題を達成、熟達したかを確かめるために、
選手権大会などの大会（競技会）が開かれるのです。それを「チャンピオ
ンシップ制」と言います。簡単に言えば、だれが一番強いかをきめようとし
ています。

他方、武道の方は、修行や稽古ですから、基本的にだれが一番強いかを
決めるわけではありません。そこには、「道」という考え方があり、だれが武
道を極めたのか、つまり、人格を磨いたかが問題となります。その証に、継
続性が問われ、一定年齢まで武道を継続しないとあがらない、「段位制度」
をつくりあげています。段位制度は、技能が優れているだけでは昇段してい
きません。優れた人格も評価の対象となります。それは大相撲において大関

が横綱に昇進するとき、品格が問われる場合と同じです。ただし、（財）日本相撲協会が行う大相撲はプロフェッショナルであって、アマチュアの柔道や剣道とは違いますが、大相撲でも「相撲道」と言われるように、単に技能が高く強いだけでは、品格のない力士は横綱として認められません。

　武道とは異なり、スポーツは、原則的には、技能が高く、相手より強ければ最高位に立つことができます。つまり、チャンピオンになれるのです。なぜならば、スポーツは、遊びであった活動（遊戯）が、技比べとしての遊技となり、それがスポーツになります。遊戯→遊技→スポーツのように発展、変容していきますが、もともとスポーツの出所や本質は、英語での表記が、play であることからわかるように、人格や品性とかを目指している活動ではなく、純粋に、活動そのものを行うこと自体が目的だからです。これをスポーツの有する内在的価値と外在的価値と言います。内在的価値とは、活動そのものを行うこと自体に価値があり、他方、外在的価値とは、活動を行った結果、得られる価値のことです。

　このことから、体育の授業で行うスポーツは、基本的に、体育の教育目的の手段として利用されるため、外在的価値となりますが、教育と関係のない場で行われるスポーツは、活動を行うことそれ自体が目的、つまり内在的価値追求の活動です。同じスポーツでも、目的的にも手段的にも使われることを区別しておくことは重要です。そうでないと、手段と目的との混同や逆転がその活動自体の本質をゆがめてしまう可能性があるからです。スポーツの本質がゆがめられると、スポーツ本来のよさ、価値が損なわれてしまいます。

4つの構成要素

ところで、スポーツの本質、定義には、昔から多くの諸説がありますが、一般的には、次の4つの構成要素を備えた活動がスポーツと考えられています。

1つは、遊戯性です。この遊戯性は、日常生活とは別の非日常の時間、空間の中で行われる活動のことを言います。非日常であるからこそ、日常では得られないような価値とか意味を帯びることになります。

2つめは、組織性ですが、これを制度性と表現する人もいます。つまり、前述した、遊戯→遊技→スポーツのように発展、変容することを指しています。最初に簡単なルールが作られて遊戯として活動が始まります。それが、徐々に、技を競い合う（遊技の）ためにルールを整備し、客観性を備える活動に変わり、最終的には、組織的な活動が行われるまでに発展していく性質のことを示しています。

3つめは、競争性です。ここでの競争性は対戦相手との競争よりはむしろ、スポーツを行うためには、必然的に「競い合い」が不可欠であることを示しています。つまり、勝敗を決定するシステムが必然的に備わっているという意味です。このことから勝つこと（結果）を目指すのではなく、どのスポーツ参加者も勝とうと努力（過程）することこそにスポーツの価値や意味があるのです。ゼロサムゲーム（一方が勝てば、他方が負けるゲーム）では、勝つこと（winning）の保証はありませんが、勝とうと努力すること（trying to win）は、参加者のどちらも目標として達成できるので、スポーツのより高い価値だと思います。

4つめは、身体性です。これは身体的に熟練することや卓越した技能があればこそ、勝利に近づくような性質がスポーツにはあります。身についた

技能、技量が勝敗の別れ道となります。

　以上、これらの4つの「遊戯性」「組織（制度）性」「競争性」「身体性」という構成要素は、スポーツの本質的な特徴を示しています。逆からみると、これらの要素を備えた活動こそが、スポーツとして認められるとも言えます。

スポーツの発展過程

　別の視点で、スポーツと個人の関わりを考えてみましょう。スポーツ哲学者のスコット・クレッチマーは、生存のための活動から美的活動にまで昇華していく過程を4段階に分けて説明しています。いずれも「10メートルの高さの崖から川に飛び込む行為」で、現代スポーツでたとえれば、水泳競技の高飛び込みを想像してください。

　第1段階は、川の崖縁の畑にある「いちご」を摘んでくるように言われた少年ですが、いちごを摘んでいると、突然、熊が出没して仰天します。摘んだいちごを入れた籠も放り投げて、命からがら、「10メートルの高さの崖から川に飛び込んで逃げる」という生存レベルの段階です。

　第2段階は、同じように、「いちご」を摘みにいくのですが、熊が出ても、びっくりせず、安全に逃げられるようになります。かごを持ったままで、「10メートルの高さの崖から川に飛び込む」のですが、徐々に、飛び込みにひねりや回転を加えて工夫する段階です。

　第3段階は、同じ飛び込みであっても、他の人が美しいという基準に合うように、「10メートルの高さの崖から川に飛び込む」段階です。これは、たとえば、オリンピック、世界選手権大会などの競技大会で、他の人と比べるレベルの段階です。

　第4段階になると、別の次元になり、他の人々が決めた基準を超えてし

まう段階となります。「10メートルの高さの崖から川に飛び込む」のも、自分自身が美しいと考える飛び込みそれ自体を創造していきます。それは、あたかもオリンピックなどの競技から超越とも言える段階です。

クレッチマーは、スポーツが、最初は生存のための自己活動であるものから、他者の基準に合わせた他者と比べる活動へ、さらには自分自身の美しさを創造して昇華していく段階を示し、最後その美的探究の段階を最終としています。それは、地位、名誉、賞金などの外在的価値ではなく、活動そのものの内在的価値を追求する姿を最高の価値として表明していると言えます。

キー概念のまとめ

ここでは、「スポーツ倫理」の概念に続き、「体育とは何か」、「スポーツとは何か」という概念を説明しました。概念論は地味ですが、学問の発展はもとより、日常に起こる様々な倫理的問題に対する答えを求めていく際にとても重要です。ある問題事例が、教育としての体育の場で起こっているのか、それともスポーツの場で生じているかによっても、問題解決の方策が異なります。本書では、たびたび、「社会で行われるスポーツ実践よりも、真性のスポーツ実践を教育の場では行われるべき」という主張を出します。

それは、スポーツが、もともと価値的に中立・自由であって最初から特定の色がついているわけではなく、参加者自身がいかようにも色づけすることが出来るのに対して、（教育制度として）体育は、特定の目的によって色づけされているためです。社会におけるスポーツは、政治的にも経済的にも何らかの色づけがスポーツに行われます。スポーツの外在的価値がそれに該当します。時には、スポーツを医療費の削減のための手段として政治的に利

用したり、メディアと一緒になってスポーツを興行として利益をもたらす手段として経済的に利用したりします。そのために、真性、本物のスポーツは変容、改変され、時には改悪される場合もあります。本来、主体であるはずの選手をないがしろにして、政治や経済の視点からスポーツのルールが変更されていくのはその証です。

　スポーツの外在的価値が、活動そのものに意味を見いだす内在的価値よりも重視されてしまうと、誤った勝利至上主義や優勝劣敗の落とし穴にはまります。スポーツは、勝つことだけに意味があるのではなく、活動のプロセス自体やたとえ負けたとしても十分に価値や意味があります。勝利だけにスポットライトを当てるが故に、スポーツの持つ負の影響も出てくる危険性が高まります。過度の外在的価値の重視によって、スポーツ本来の価値や意味が損なわれないようにしなければなりません。

　「スポーツ倫理」にも変わるものと変わらないものがあります。よりよい価値を残していくことが重要です。よりよいスポーツ倫理を創造し続けていくことが、体育やスポーツを未来世代に引き継ぐために欠かせません。この後の第2章から第7章まで、本書には、いろいろな問題事例が出てきますが、その問題事例に対して、読者の皆さんと一緒になって精緻な調査、分析を行い、比較商量し、よりよい解決策への合意形成ができることを願っています。

【参考文献】

○Drewe, S. B. (2003) Why Sport? An Introduction to the Philosophy of Sport, Thompson Educational Publishing, Inc. Toronto. シェリル・ベルクマン・ドゥルー著, 川谷茂樹訳 (2012)『スポーツ哲学の入門』ナカニシヤ出版

○Kretchmar, R. S. (1994) Practical Philosophy of Sport, Human Kinetics.

○友添秀則 (2009)『体育の人間形成論』大修館書店

第 2 章
ドーピング問題

- ・ドーピングの問題史〜スポーツはどこへゆく
- ・ドーピング問題に見るエンハンスメント社会

ドーピングの問題史〜スポーツはどこへゆく

　皆さんはオリンピックやワールドカップの試合をみて、感動したり、勇気づけられたり、日本選手やチームの試合には、思わず、「がんばれ！日本」と叫んだり、時には「ニッポン、チャ、チャ、チャ！」と応援したりしたことがあると思います。このようにスポーツには、老若男女、性別、国籍、人種を超えて人々を引きつけて止まない不思議な力があります。世界中の人気が高いために、実は、国際連合（the United Nations）よりも、国際オリンピック委員会（International Olympic Committee：IOC）や国際サッカー連盟（the Federation Internationale de Football Association：FIFA）に加盟している国や地域の数の方が多いのです。とは言え、オリンピックやワールドカップの人気は高いのですが、同時に多くの問題も抱えています。

　スポーツ界にとって最も心配なのは、オリンピックやワールドカップの大会そのものを破壊してしまう事件、事故の発生です。前項の「スポーツの倫理」のところでも指摘しましたが、2004年のアテネ・オリンピックの閉会式において、ジャック・ロゲ IOC 会長はオリンピックの存続を危うくする2つの問題をあげました。1つはテロリストによる大会の妨害・破壊、もう1つはドーピング問題でした。

　2001年9月11日にアメリカ合衆国で発生した自爆テロによる「世界貿易センタービル」の崩壊は、私たちの想像を絶する凄惨な事件でした。考えたくもありませんが、こんなテロ行為がオリンピックの開催中に発生すれば、オリンピックが中止に追い込まれてしまいます。そのためにこの9.11事件以降のオリンピック大会の開催には警備・安全のために莫大な金が費や

されています。

　他方で、スポーツ界の内部からの崩壊が懸念されているのが「ドーピング問題」です。オリンピックでの金メダルや世界新記録など、みんなに賞賛され、感動を与えている選手が、ドーピングで作り上げられているとしたら、本当にがっかりします。いつの世の中にもよい人もいれば悪い人もいて、人を騙したり、不正をしてでも自分の欲望を満たそうとする人がいます。選手やその関係者も人間ですから、それは同じです。選手やその関係者に悪い人はいないとは決して断言できません。そのために IOC をはじめとする各競技組織は、ドーピングが起こらない、あるいは起こさせないような仕組みを講じています。

　ここでは、以下、ドーピング問題について、もう少し詳しく考えるために、過去の出来事や現在の状況、そしてこれから未来がどのようになるかを，順次、話していきます。

ドーピングとは、そしてなぜ禁止されるのか

　ドーピングは、英語で doping と表記しますが、元々は、アフリカの部族が祝祭時に飲んだ強いお酒、dop に起源があるようです。これを一般化すると、ドーピングとは、何か特別な物を投与したり利用したりして、通常では出せないような力を出させることになります。スポーツにあてはめれば、競技能力を向上させるために、禁止薬物や禁止方法を使ったりすることになります。

　広義にドーピングをとらえると、たとえば、ラグビーのゲームや大相撲の取り組み前に選手や力士が自分の顔や体を叩いたりすることも、ドーピングの範疇に入るかもしれませんし、ゲーム前に少しでも力が発揮できるように

34 ドーピングの問題史〜スポーツはどこへゆく

と、栄養ドリンクやサプリメントを使うことも、精神的、気持ちの上ではドーピングに類した行為になると思われます。なぜなら、栄養ドリンクやサプリメントを使って、少しでも競技能力を高めようとしているからです。

ドーピングは、20世紀の初頭から競走馬に対して行われていました。しかし、それは、賭け事の公正さ、競走馬に対する動物愛護の精神を理由に禁止されました。最初のドーピングは競走馬に対して行われたのですが、その方法を選手に適用したことになります。人間も動物なのでドーピングの効果という点では同じなのかもしれません。

1968年の冬季・夏季オリンピック大会からドーピングは禁止されました。禁止理由としては、以下があげられています。

第1に、薬物を使うドーピング、いわゆる薬物ドーピングは、病気やけがを治療するための薬物を健康な人が使うわけですから、当然ながら健康への害が心配されます。つまり副作用問題です。薬(くすり)を逆から読めば、リスク、つまり英語のriskとなります。薬は医師から適正に処方してもらって正しく摂取すれば問題はありません。しかし、選手が専門的な知識もなく個人で処方したり、秘密裏に入手したような薬物にはリスクがあります。よって、薬物ドーピングは薬物の副作用という健康上の理由から禁止されています。

次は、フェア、アンフェアという公正さに反するという理由です。個々のスポーツには特定の課題がありますが、スポーツの大原則は「同じ条件(equal condition)」であることです。たとえば、マラソンでみんなが42.195キロを走ったのに、1人だけ近道してゴールしたら不正です。たとえ秘密裏に、誰にも知られずに近道をした選手が優勝しても、みんなと同じ距離を走っていないので真の勝者ではありません。これと同じで、ドーピングもルールで禁止されている以上、1人だけこっそりとドーピングを行えばアンフェアですし、ゲームそのものが成立しません。

第2章 ドーピング問題　35

　3番目の理由は、選手のロール（役割）モデルから派生する社会悪という理由です。つまり、オリンピックや世界選手権大会に出場するような選手は、どこの国でも国民、特に青少年のあこがれの的です。スター選手には、多くのファンやサポーターがいますが、そのだれもがドーピングによって勝つことなど望んでいませんし、仮にあこがれの選手がドーピングによって勝ったとなれば、当然、幻滅します。幻滅よりももっと悪いのは子どもたちが自分もドーピングで競技能力を高めようと、選手の真似をすることです。スター選手には、社会のよい役割モデルとしての使命、責任があります。ドーピングを行う選手は、健全な青少年の育成に明らかに悪影響を与えます。ドーピングが社会悪につながる懸念からも禁止されています。

　そして最後は、上記の3つの理由の総括となるでしょうが、「スポーツ固有の価値」を台無しにするという理由があげられます。スポーツ固有の価値は、単なる勝ち負けだけではありません。皆さんもこれまでスポーツによって体験しているでしょうが、スポーツを行うと、勝ち負けを超えて、フェアプレイ、健康、競技能力、人格形成、人生の楽しみや喜び、仲間とのチームワーク、チームへの献身、真摯さ、規則・法令の遵守、自己や他者への敬意、勇気、共同体意識、連帯意識など、それらの価値が実感されると同時に実現することができます。ドーピングは、これらのスポーツ固有の価値を台無しにして、スポーツの世界を崩壊させてしまう危険性があるので、禁止されているのです。

ドーピング問題の歴史

　このドーピング問題を深く考える上で、これまでの歴史を振り返ることはとても重要です。年代を追って、詳しくドーピング問題の歴史を見てみましょう。

①1968 年のドーピング禁止規程から 1988 年のベン・ジョンソン事件まで

オリンピックの場でドーピングが禁止されたのは、1968 年のグルノーブル冬季大会とメキシコ夏季大会からです。このルールが作られたきっかけは、1960 年のローマ夏季大会期間中に薬物を使った選手が死亡したことからです。オリンピックの場における死者は初めてでしたが、そのほかの国際競技大会などでも薬物を使って競技力を向上させていたことは、関係者の間では周知の事実だったようです。こうしたドーピングの蔓延、深刻化を受けて IOC は、医事委員会を発足させ、本格的なドーピング問題に関する調査、研究に取り組み始めました。

1964 年の東京オリンピック大会の時に開催された国際会議で、初めて正式にドーピング問題について話し合われ、その 4 年後の 1968 年からドーピングが禁止されました。

1968 年のドーピングの禁止以降、表面的には、ドーピングが行われていないと思われていました。しかし、オリンピックのメダル争いをしている選手やそのスタッフは、ドーピング違反にならないような抜け道を考え出しました。それは、大会期間前にドーピングの痕跡を消してしまう方法でした。1968 年にドーピングは禁止されましたが、ドーピングをしていないかどうかを確認するための検査は、大会中に行われ(In-competition)（競技会検査）、しかも上位入賞者に限定されていました。そのため、巧みにドーピング違反から逃れる方法として、トレーニング中にドーピングを行い、大会が開催される前までに体からクスリが排出されるようにするか、あるいは、ヒト成長ホルモンのように、当時の機器で検出できないか、検出しにくい薬物を使用していました。

本当に残念なことですが、1988 年のベン・ジョンソン事件が起きるまでは、捕まらないように巧みなドーピング方法を用いていた時期なのです。

②1988年ソウルオリンピック大会のベン・ジョンソン事件

　1988年のベン・ジョンソン事件はとても衝撃的でした。ソウルオリンピック大会の最大の目玉競技は、何といっても、世界で最速の男を決める陸上競技男子100メートルでした。カナダのベン・ジョンソンか、あるいはアメリカのカール・ルイスのどちらが速いかに世界中の関心が集まりました。結果は、ベン・ジョンソンが9秒79の世界新記録を出し、彼が勝者になったかにみえました。しかし、彼は、レース後のドーピング検査によって失格（陽性）となり、金メダルが剥奪され、世界新記録も幻になりました。そして彼の帰国後、カナダに国内調査委員会（デュビン調査委員会）が設置され、この事件の真相究明は1年間にわたって続けられ、1990年にデュビンレポートとして公表されました。このレポートに基づいて、事件を振り返ります。

　ベン・ジョンソンはひとりでこっそりとドーピングをしていたのでしょうか。いいえ、そうではありません。実は、彼は自分だけでそうしていたのではなく、同僚の別の選手、コーチ、そして医師までも関与していました。このような選手らの確信犯的なドーピングの関与は、スポーツ関係者らの周知の事実でした。しかし、オリンピックという最高の舞台において失格したことは、世界中の驚きと同時にファンを失望、幻滅させました。この事件は、スポーツ界におけるドーピングの蔓延を一般大衆に知らしめたという意味で、象徴的な事件となりました。

　この真相究明の過程で分かったことは、ベン・ジョンソンの他、コーチ、医師らにとって、陸上競技は楽しむための活動ではなく、それは「仕事＝ビジネス」であって、多くの人々を支える生活の糧となっていたという事実でした。

　デュビン調査委員会の勧告に従い、ベン・ジョンソン事件以降、ドーピ

ングの検査方法や罰則が強化されました。特に検査方法に関して、競技大会中だけではなく大会以外のトレーニング中にも、無作為に検査が行われるようになりました。いわゆる、抜き打ちの競技会外（Out-of-competition）検査です。それまでの競技会検査と新たな競技会外検査という2つの防止策は、しばらくの間、効果がありました。証拠をあげると、それは陸上競技男子100メートルの世界新記録の更新に現れています。すなわち、1988年のベン・ジョンソンによる幻の9秒79と並ぶ記録が出されるまでには、モーリス・グリーンが同タイムを出した1999年まで、実に11年間もの歳月が必要でした。

　この11年間も歳月が必要だったことが、結果的に、次に述べるような世界アンチ・ドーピング機構（World Anti-Doping Agency：WADA）の創設につながるのですから、何とも皮肉な歴史展開です。

③1999年の世界アンチ・ドーピング機構の発足

　前述したように、1988年以降、トレーニング中にもドーピング検査が実施されるようになりました。しかしその結果、皮肉なことに、オリンピックや国際大会において好記録や世界新記録が出なくなり、国際舞台のスポーツ人気にかげりが見られました。やはり、次々と世界新記録が樹立されるような大会は盛り上がりますが、平凡な記録ばかりでは観客の数が減少していくこともうなずけます。

　こうした状況の中、1998年7月のツール・ド・フランス（自転車競技）において衝撃的なドーピング事件が起き、世間を騒がせました。この事件は、この大会に出場していたチームの車から禁止薬物が発見されたことに端を発し、逮捕者を8人も出す一大スキャンダルでした。

　しかし、その当時のサマランチ IOC 会長が「選手の健康に害がないなら、それはドーピングではない」と発言し、それがスペインの新聞社に掲載され

ました。この発言が、スポーツ関係者よりも各国政府関係者の間で大問題となりました。つまり、オリンピック運動の総元締めである IOC 会長がドーピングを容認するかのような発言をしたからです。

各方面からの厳しい非難に、IOC は 1998 年 8 月に緊急理事会を開いて善後策を検討しました。IOC の理事会は、政府関係者である公権力がスポーツ界に干渉して、スポーツ界が主導権を失うことを恐れました。そして非難の沈静化のために IOC は、1999 年 2 月に世界アンチ・ドーピング会議を開催しました。しかし、その会議においても各国政府関係者から IOC 非難が相次ぎました。各国政府関係者と IOC との綱引きの末に、IOC とは独立した「アンチ・ドーピング機構」を設立して、それを IOC と各国政府関係者が共同で運営することになりました。運営の経費も両者の折半でした。このような経緯があって設立されたのが、国際アンチ・ドーピング機構（WADA）でした。

1998 年のツール・ド・フランス事件は、IOC にとって組織の存続までも危ぶまれるほどの一大事でした。なぜなら、この事件によって、選手やコーチが警察に連行されたからです。選手やコーチらが逮捕されるということは、これまでスポーツ界の内部問題だったドーピングが、一般社会の犯罪として裁かれることを意味しました。ツール・ド・フランスで逮捕者が出た以上、当然、オリンピック大会の場でも逮捕者が出る可能性が出てきました。オリンピック開催時に選手やその関係者が逮捕されれば、スポーツやオリンピック運動にとって大打撃であることは間違いありません。

WADA を創設するまでのドーピング問題は、単にスポーツ内部での問題に過ぎませんでした。しかし、このツール・ド・フランスにおける逮捕劇は、ドーピングが一般の社会犯罪になることを示し、単なるスポーツ組織内部での違反行為ではなくなりました。

④官民一体となったドーピング根絶運動の幕開け

　1999 年に発足した WADA は本格的に活動を開始しました。最初に行ったのは各国政府関係者とスポーツ関係者が一堂に会してドーピング問題を話し合う場を設けることでした。

　WADA 発足後の最初の国際会議は、2003 年 3 月、デンマークのコペンハーゲンで開かれました。この国際ドーピング会議は相当に注目されていました。なぜなら、この会議において、「世界アンチ・ドーピング規程」が各競技連盟や各国政府によって同意されるかが最大の焦点だったからです。

　この会議で提案された規程の内容は、それまで各競技連盟でバラバラだった禁止薬物リストを共通にすること、また最初の違反は 2 年間の出場停止、2 度目は永久追放とすることでした。

　この規程を策定することになった契機は、2000 年のシドニーオリンピックにおける体操女子個人総合の金メダリストのラドゥカン選手が、風邪薬を服用（禁止薬物である興奮剤が入っていました）したために失格になったことでした。失格になった原因は、禁止薬物リストが国際体操競技連盟と IOC で同じではなかったからでした。シドニーオリンピック当時までは、体操競技をはじめとする水泳競技、陸上競技などの各国際競技連盟がそれぞれの競技の向上に有効な薬物だけを禁止リストに載せていました。しかしオリンピックでは数多くの競技を短い期間に行うために、公式競技すべての禁止薬物を網羅して禁止リストを作成していました。そのため、各競技連盟が主催するそれぞれの世界選手権では禁止ではなくても、オリンピックでは禁止となる薬物が出てきたのです。ラドゥカン選手の失格は、チームドクターがそれを知らなかったために起こってしまったようです。

　また、各競技連盟によって罰則規程が異なり、最初の違反での出場停止処分を 4 年間とする競技連盟もあれば、2 年間とする連盟もありました。

選手生命の短い競技の場合、2年間と4年間とでは選手生命への影響は大きく違います。よって、罰則期間が長い競技連盟の選手が不満を申し立てるのもわかる気がします。というのも、禁止薬物を服用する意志・意図性は無視されて、選手の体の中から禁止薬物が検出されたか否かによって、ドーピングが判定されるからです。たとえだまされて飲んでも（パラドーピング）、禁止されているとは知らずに飲んでも、あるいは医師を信頼して服用しても、結果的に検査で禁止薬物が検出されれば違反となります。そしてたとえば、別々の競技を行う2人の選手が、自分では知らずに体内に禁止薬物が入って陽性となり、それによる罰則期間が競技連盟によって、4年間とか2年間と違うとなれば、不満に思う選手が出てきても当然でしょう。

2003年の「世界アンチ・ドーピング規程」の制定は、各競技連盟と各国政府とが共同して「アンチ・ドーピング」に取り組む時代が幕開けしたという意味で、画期的な出来事となりました。さらにそうした方向を加速する動きも加わっています。よりグローバルな取り組みとして、2005年の第33回ユネスコ（United Nations Educational, Scientific and Cultural Organization：UNESCO）総会においてアンチ・ドーピング規約が採択され、ユネスコという国際組織の下でドーピング防止運動が本格的に始められることになりました。

ドーピング問題の未来は？

2003年の世界アンチ・ドーピング規程の発効や2005年のユネスコの国際規約により、各競技連盟、各国政府機関が一体となってドーピング撲滅・根絶に動き出すことになりました。それと同時に、WADAは、未来のドーピング問題のゆくえを占うような禁止事項を2003年から追加しました。それ

が、「遺伝子治療を応用する方法」、いわゆる遺伝子ドーピングです。

　遺伝子ドーピングは、貧血や筋ジストロフィーの遺伝子治療法を選手が受けることによって、ヘモグロビンの増加、筋肥大をはかるドーピング手法といわれています。遺伝子ドーピングは、これまでの薬物を使うドーピングの方法とは根本的に違いがあります。たとえば、従来の筋肉増強剤（タンパク同化ステロイド）を摂取する方法では、薬物を摂取するだけではなくそれに併用してトレーニングを行って初めて筋肉増強が図られますし、薬物摂取の心理的効果であるプラセボ（偽薬）効果も得られるかもしれません。

　他方、遺伝子ドーピングの場合は生来の能力を変更するため、トレーニング効果とは別です。トレーニングをしなくても寝たきりでも筋肉増加の効果が期待できます。この方法は治療ですから、この方法に適した病気の患者には朗報であることは間違いありません。それを証明するかのように、成長因子の遺伝子をラットやマウスの筋肉に導入すれば、その筋肉が増強し、激しい運動をさせる必要もなしに筋肉の強さや正常な機能が維持されることが明らかにされています。

　最近の遺伝子工学の急速な発展、脳科学の進歩によって、医科学技術を「エンハンスメント（enhancement）」的に使用することに倫理的関心が高まっています。そうした中の 2003 年に、米国大統領生命倫理評議会報告書が出されました。そこでは、向上や増進という意味での「エンハンスメント」と関連して、ドーピング問題が考察されています。すなわち、ドーピングによって増強された競技者のパフォーマンスが「人間的に卓越したパフォーマンスと言えるかどうか」、また人間的に卓越したパフォーマンスならば「人間活動の卓越性についてその真の尊厳を理解し、パフォーマンス向上のための新しい手段がいかにそれを歪め、蝕むことになるのかの理解があるはず」と述べられています。この「エンハンスメント」については、次の項でもっと詳しく扱います。

2003年のWADAによる「遺伝子治療を応用する方法」の禁止は、これまでのドーピング問題が別次元に代わる危険性を示しているのではないでしょうか。つまり、近代スポーツやオリンピックが標語としてきた、「より速く、より高く、より強く」という進歩主義思想によって、これまでは、選手の生来の素質（nature）、自然な環境（nurture）の両方の価値を評価してきました。しかし、自然な環境での向上が限界、臨界を迎えると、生来の素質そのものの向上、改良を目指そうとします。こうした流れがバイオテクノロジーの発展とリンクして、今や選手の素質そのものを操作しようとする時代に突入し始めています。

2009年12月にジャック・ロゲ IOC会長が、WADAの創設10周年を記念した演説の中で、「遺伝子ドーピングが次の闘いの場になるだろう」と警鐘を鳴らしたように、生来の素質の操作である遺伝子ドーピングが導入されれば、これからのスポーツやオリンピックにはどのような存在意味があるのかが問われることになるでしょう。

特に、2012年に発見された究極の遺伝子編集技術、クリスパー・キャスナイン（CRISPR-Cas9）はドーピング問題をさらに複雑かつ深刻な事態にさせる可能性があります。ついでながら、スポーツへの脳科学の応用も始まり、脳への電気刺激によって運動能力を向上させようとしています。ヘッドフォン型の経頭蓋直流電気刺激によって脳からの指示がより速く、的確になるようですが、科学雑誌のNatureやWADAも脳ドーピングとして懸念を示しています。

おわりに

ここまでドーピング問題について、過去、現在、そして未来にまで視野を広げて考えてきました。このドーピング問題は、私たちがこれまで守り続け

てきたスポーツ文化を崩壊させてしまうだけの危険性をはらむことを理解していただけたでしょうか。私たちのスポーツ文化を守るという意味で、ドーピング問題なんか自分たちには関係ないと考えるのではなく、自分や仲間の人たちと一緒になって、ドーピングのないスポーツ（doping-free sport）世界を作り上げるための知恵、英知を出しあい、全員参加のドーピング撲滅策を作り出さなければなりません。スポーツやオリンピックは、参加者だけではなく他の多くの人々に勇気や感動を与えます。このような優れた価値を、ドーピング問題で台無しにしてはならないのです。スポーツやオリンピックの価値を、次の未来世代に引き継ぐのは、今の私たち世代の責任と言えるでしょう。

　本稿は、近藤良享「第9章ドーピング問題」、高峰修編著（2010）『スポーツ教養入門』岩波ジュニア新書 648、161-178 頁を加筆修正した。

【参考文献】
○近藤良享編著（2004）『スポーツ倫理の探究』大修館書店
○友添秀則・近藤良享共著（2000）『スポーツ倫理を問う』大修館書店

ドーピング問題に見るエンハンスメント社会

エンハンスメント（enhancement）とは

　オリンピックの標語が示す「より速く、より高く、より強く」という進歩主義思想に象徴されるように、現代社会の趨勢はいつも「より○○」という右肩上がりの向上が求められ、私たちは、昨日の自分より今日の自分、今日の自分より明日の自分の向上を目指しています。そのような社会を「エンハンスメント（enhancement）」社会と呼んでおきます。

　エンハンスメントとは、『応用倫理学事典』（丸善）によると、「健康の回復と維持という医療の目的を超えて、能力や性質の改善を目指して人間の心身に医学的に介入すること」（90 頁）と説明され、日本語には「増進的介入」と訳されるとあります。そしてエンハンスメントの種類の典型として、「肉体的能力の増進、いわゆるドーピングなど、遺伝子操作による筋肉の増強」という説明が最初の事例に挙げられています。つまり、このエンハンスメント社会の 1 つの典型がスポーツ界のドーピングなのです。

　読者の皆さんには聞き慣れないし、そんな研究領域名があるのかと思われるでしょうが、私の専門領域は「スポーツ倫理学（Sport Ethics）」です。勝敗、優劣の判定だけに価値を置くスポーツ実践を自然なままに放置しておくと、ホッブスが『リヴァイアサン』で唱えたような「無規範の自然状態」となってしまい、スポーツ固有の価値を台無しかねない。そのために、スポーツにおける正邪、善悪の視点、つまり倫理学的な考察やアプローチが必要

になるのです（必要になると自負しています）。

　スポーツ倫理学を応用倫理学の一領域として位置づけ、そこでの研究対象を大別すると、生命倫理と環境倫理に分けられます。スポーツと関連づけて敷衍すると、前者の代表にはドーピング問題があり、後者にはスポーツにおける環境問題があります。ここで論じるエンハンスメント社会の視点からすれば前者のドーピング問題になります。

　このドーピング問題については、前項の「ドーピングの問題史」で詳しく論じたのでそれを参照してもらうとして、エッセンスだけをおさらいとして述べます。

ドーピングとエンハンスメント

　ドーピングというのは、本当に昔からあって、古くは、選手に対して、強壮、精力をつけるために生肉を何キロも食べさせたという時代もありました。それが、化学的な物質（薬物）の使用、高地トレーニングの原理を応用した血液ドーピング、さらには他人の尿をすり替える物理的操作といった薬物、手段、方法が行われる時代に移りました。しかし、前項のドーピング問題の未来でも述べましたが、今やそれらは古典的方法として過ぎ去ろうとしています。そして新たなドーピングの方法（の可能性）として懸念され始めたのが、バイオテクノロジーを適用、応用する方法としての遺伝子ドーピングです。

　スポーツ統括団体の総本山とも言える国際オリンピック委員会（IOC）のジャック・ロゲ会長は、オリンピックやスポーツ界を崩壊に導く懸念要因として、外部からのテロリストに並んで、内部からの（遺伝子）ドーピング問題を挙げています。そのために、世界アンチ・ドーピング機構（WADA）は、

すでに「遺伝子治療を応用する方法」、いわゆる遺伝子ドーピングを2003年に禁止方法に加えました。この点については前項で述べた通りです。

競技能力を向上（enhancement）させる目的に行われる遺伝子ドーピングは禁止されていますが、そうではなく、病気の治療（therapy）を目的とした遺伝子治療は禁止されているわけではありません。バイオテクノロジー、遺伝子工学が応用されたドーピング問題については、それをドーピングとして禁止するのか、あるいは承認するかを決めることはとても難しい問題です。それは私たちの意識が科学進歩に追い付いていかないことも原因ですが、これまでの価値判断基準が新たな科学技術の発展にそのまま適用できるか否かについて、その評価に時間がかかったり、全く新しい基準に合意することが必要なためです。

もう20年以上も前ですが、オーストラリアの研究者、ロナウド・ラウラは、「バイオもしくは遺伝子工学によって設計された『眼球』を射撃選手が使用した場合、有害を根拠に禁止できない」と述べ、有害を理由に禁止しているドーピングに該当するか否かは難しいと主張していました。バイオテクノロジーや遺伝子工学ではありませんが、ゴルフのタイガー・ウッズ選手がレーシックの治療を受けた行為はドーピングではないかと疑う研究者もいます。タイガー・ウッズの場合、2度のレーシック手術の後、「カップがバケツに見えた」と言わせたほど、治療によって明らかに彼の競技能力が高まって、明らかにその後のゴルフトーナメントの成績に貢献しました。

ラウラはさらに「『悪性遺伝子』を駆逐する技術は、『積極的優生学』の技術と厳密に区別できない」とし、薬物を使わなくても筋肉の増強ができ、選手のスーパークローンを創る可能性があると述べています。前述したように、ラウラが疑問を呈したのは、ほぼ30年近くも前（1991年）のことですが、日進月歩のバイオテクノロジーや遺伝子工学の技術が、スポーツ界に応用される問題は、彼が予言した通りの時代に完全に突入しています。

『治療を超えて』

　今世紀になって、幸福の追求のために、医科学技術を「エンハンスメント」的に使用することが、倫理的に認められるか、認められないかといった倫理的関心が高まってきています。日進月歩の科学技術を幸福追求に応用することに伴う影響について、米国大統領生命倫理評議会が詳細に検討しています。その報告書が『治療を超えて』なのですが、その冒頭に、近い将来、欲望を満足させ、充足を得る可能性が高くなっている事例や、現在、すでに実現された事例が紹介されています。

　それによると、身体の弱さ、年齢による衰え、気分や感情の変動、遺伝による先天性の不公平などは、縮小されたり、除去されつつあるので、これまで以上に幸福が実現すると書かれています。より具体的に、バイオテクノロジーを欲望を満たすために使われている事例で、実際に実現しているものとして、子どもの性別選択、低身長を改善するための成長ホルモン、若者の行動を抑制あるいは向上させるリタリン、気分を明るく気質を変えるプロザック（抗うつ剤）、しわをなくすボトックス、強壮剤のバイアグラ、筋肉増強剤のアナボリック・ステロイド（タンパク同化ステロイド）、非治療的美容整形外科手術などがあげられています。

　ドーピングに関して、この報告書では、それを認めない立場が打ち出されています。それによると、ドーピングによって増強された競技者のパフォーマンスは、真に「人間的に卓越したパフォーマンスと言えるかどうか」、また人間的に卓越したパフォーマンスならば「人間活動の卓越性についてその真の尊厳を理解し、パフォーマンス向上のための新しい手段（ドーピング）がいかにそれを歪め、蝕むことになるのかの理解」（括弧内筆者）があるはずと、選手らがドーピングに関与しないようその期待が述べられています。

またその報告書で示されたバイオテクノロジーには、経過、プロセスを出来る限り短縮し、可能ならば、その経過を捨てて、結果だけが獲得できることも紹介されています。たとえば、成長因子の遺伝子をラットやマウスの筋肉に導入すれば、筋肉が増強し、それに見合うだけの激しい運動をさせなくても、筋肉の強さや正常な機能が維持されると示されています。タンパク同化ステロイドを摂取する方法には、摂取した上での激しいトレーニングが必須ですが、遺伝子ドーピングの場合はそれを必要としないほどの効果が期待でき、筋肉増加に関して質的向上が認められると言われています。

遺伝子ドーピング問題に関連して、「スポーツへの遺伝子技術の適用の問題は、文字通りの遺伝子ドーピングとしての従来のドーピング問題の延長線上にあるのではなく、スポーツ精神という枠を超える一層広範な倫理的視点から考察されるべき問題」に留まらず、「遺伝子ドーピングの問題は、遺伝子技術がもたらす社会的影響といった文明論的・生命倫理学的問題にも深く関わる問題として、新たな論争の局面を生み出し始めている」(『応用倫理学事典』861頁)とも指摘されています。

このように生命倫理的問題は、スポーツ界のドーピング問題以上に、私たちの日常生活圏に深く関わり始めていることに気づかされます。私の研究室の本棚には、『遺伝子を操作する』、『遺伝子治療の時代』、『ヒューマン・ボディショップ』といった著書が並んでいます(次頁写真参照)。より完全な人間を希求する人間の欲望を満たす生命科学の進展がそこにあるといえます。

デカルトの『方法序説』にも次の文章がありました。「身体と精神とを通じての数かぎりなき病気から、おそらくは老年ゆえに衰弱することからさえ、(中略)自然があらかじめ私どものために備えておいたあらゆる治療法を十分に究めるならば、免れうるであろうこともまた確かである。」(76頁)つまり、デカルトが生きた時代には想像や希望の域であった究極の治療法が、

現代の遺伝子治療なのです。この方法に頼れば、もしかしたら、老年ゆえの衰弱が免れる可能性はあります。しかし、この最先端技術を「セラピーあるいはトリートメント（治療）」方法を超えて、「エンハンスメント（増進的介入）」として認めるかには、まだ私たちの合意形成がなされていません。

自分のことを自分で決める権利〜自己決定権との関連

　現代社会は、一定の制限はあるにしても、自分のことを自分で決めることが認められています。J. S. ミルが『自由論』の中で、現代の自己決定権の原型を作り出しました。それによると、①判断力のある大人であること（成人）、②自分の生命、身体、財産に関すること（所有権）、③他人に危害を及ぼさないこと（他者危害）、④決定が当人にとって不利益なことと判断されること（愚行権）といった条件の下で、自己決定の権限としての自己決定権があると主張されています。これは、私事領域に対する不干渉、つまり、プライバシー権とも言える原則です。

この自己決定権に相対するのが、父親的温情主義（干渉）と言われるパターナリズム（paternalism）です。公的な組織が個人の生活に干渉してくる理由としては、他者に危害を及ぼさない危害原理、公の秩序と善良な風俗（公序良俗）のような道徳原理などがあります。具体的な日常生活場面では、ライフスタイル（服装、性風俗、カルト）、危険行為（座席ベルト、ヘルメット、飲酒、喫煙、スポーツ・冒険）、人の生死（自殺、末期医療、安楽死、尊厳死）、犯罪・非行（犯罪者の社会復帰、健全育成）、福祉・教育行政などで、このパターナリズムが発動されています。

スポーツも危険行為の1つとして、パターナリズムの対象になります。それは、冬山登山の制限とか、プロボクシングの出場禁止（KO や TKO された後の 90 日間）、年齢制限（17 歳以上 36 歳まで）などに代表されるように、スポーツ選手、参加者自身が自己責任（own risk）を主張しても、その活動を統括する団体の安全配慮義務責任が問われる可能性もあるので、ルールとして活動が制限される場合があります。

それはドーピングに関しても、健康への害（副作用）を防ぐ視点からも禁止されています。しかし、たとえば、有名なメジャーリーガーだったホセ・カンセコ選手は、自著『禁断の肉体改造（Juiced）』（2005）の中で、成人のプロ野球選手が薬物乱用、誤用ではなく、自己管理（正しい医療管理体制下で）を行った上で、薬物使用することは最高のパフォーマンスへの助けとなると言い、ステロイド（筋肉増強剤）は、良質の人生と老化現象を防止することもできると主張しています。

辰吉丈一郎選手は、日本ボクシングコミッション（JBC）が発行する、プロボクサーとしての国内ライセンスがありません。しかし、2009 年 3 月タイでの敗戦以降はリングに上がっていませんが、まだボクシングを継続しているようです。なぜタイなのかは、日本国内での試合が認められていない（ライセンスがない）からです。それよりも、彼は、1991 年に世界バンタム級

王座についてから、網膜裂孔、網膜剥離などの疾患で JBC から引退勧告を受けつつも、国外でのボクシングの対戦や特例処置を JBC から引き出して、ボクシングを継続していました。彼の例も、自己決定権とパターナリズムとの問題が深く関わっています。

　スポーツ倫理学者のロバート・サイモンは、自己決定権とパターナリズムとの関係を考える上での例題として、架空のプロスポーツ「メイヘム」を紹介しています。そのスポーツは、「自主的に判断できる大人の参加者からは十分な説明に基づく同意（informed consent）を得て、自己責任としてメイヘムに加わる。彼らは半分に分かれて、剣と槍とを持って競技場に入場し、ゲーム開始。一方のチームの全員が死ぬまで戦い、生き残ったチームの選手らは 1 千万ドルを分け合う」というものです。片方のチームが全員死ぬまでのゲームがスポーツとして認められないでしょうが、しかし、このメイヘムを少し変形して、このゲームを人間対人間から人間対動物（例：スペインの闘牛）のようにしたり、動物対動物ならば認められるのかどうか。また、対戦相手を殺すまでではなく、戦闘能力が無くなるまでにしたり、報奨であるお金を名誉とか国家威信などに代えてみると、いろいろな事柄が見えてきます。

　近代スポーツは、文明化の過程である暴力を抑制して発展してきました。その方法は、それぞれの競技組織や団体に、安全配慮義務を求めるもの、つまり、スポーツは安全に行われなければならないことを原則にしています。サイモンが「メイヘム」において、どこにスポーツとスポーツではないかの境界を引くのは、関係者の合意形成によって進められてきた歴史があること、また、スポーツと認めるか否かも、自己決定権とパターナリズムのせめぎ合いがあることを示唆しています。

エンハンスメント社会と私の決定

　どのような活動をスポーツとして承認していくかについては、私たち関係者の英知を結集させる必要があります。その際、さまざまな決定を（応用）スポーツ倫理学的視点から眺めてみると、次のようなことが言えます。すなわち、合意形成のための社会的決定あるいは選択には、性悪説に立ってどんな悪人がいても社会が衰弱、崩壊しないような原則を探すのではなく、佐伯が唱えるように、「人々の倫理性をよびさまし、倫理性に訴えて、また、人々の本来の倫理性からくる訴えに耳を傾けて、倫理的社会を構築する研究をしなければならない」（佐伯、308 頁）のです。また私の決定あるいは選択には、その背後にどのような社会を選んでいるのかも視野に入れ、併せて、私の決定による未来にも責任を負わねばならないのです。

　スポーツの競技力向上の方法に日進月歩の科学技術が適用可能になりつつありますが、何を導入しても良いかに論議があります。それは同時に、スポーツ界だけではなく、現代社会に生きる私たちもまた、科学技術の発展の速度に道徳的意識が追いつかない状況でありながら、なんとかその中で選択を行っています。

　それは、日常的な医療における様々な検査であっても、それを受ける、受けないの選択を含めて、私が選択した結果として認めなければならない社会になっています（検査を選択しなかった結果、重大な事態を生じさせてもです）。

　さまざまな情報の多寡（多い少ない）によって、時には、自身の選択が失敗、後悔となる場合もあります。しかし、マイケル・サンデルが「エンハンスメントの倫理」を語る際の根拠とした「生の被贈与性（giftendness）」の主張に賛成すると、「生は私自身ですべてを制御できないという諦念、あ

きらめ」も選択肢の中に含まれるべきと考えられます。

　様々に選択できる社会が到来しようとしています。スポーツにおいては、たとえばドーピング禁止という形で選択肢を無くしていますが、これからの科学技術の発展によっては、スポーツ界において何を禁止するか、何を認めるかは間違いなく問題となります。

　ここまで、スポーツ界で危惧されている遺伝子ドーピング問題を手がかりに、それがエンハンスメント社会の反映であることまでに話を拡張して説明してきました。急速な科学技術の発展に伴って私たちには多くの選択肢が増えています。現代社会は、多種多様な私たちが選べる選択肢の中から、自分自身の責任で、私の選択をしなければならない社会になりつつあります。ドーピング問題は、こうした「エンハンスメント社会における私の選択」が問われているのだという点を確認して、この項を終えます。

　本稿は、近藤良享（2011）「エンハンスメント社会と私の選択〜遺伝子ドーピング問題からの照射〜」中京大学評論誌『八事』、第27号、92-96頁を加筆修正した。

【参考文献】

〇カンセコ、ナガオ訳（2005）『禁断の肉体改造（Juiced)』ベースボール・マガジン社

〇デカルト、落合太郎訳（1979）『方法序説』岩波文庫、改版

〇ホッブズ、水田洋訳（1992）『リヴァイアサン』岩波文庫

〇レオン・R・カス、倉持武（監訳）（2005）『治療を超えて』青木書店

〇佐伯胖（1980）『「きめ方」の論理』東京大学出版会

〇サンデル、林・伊吹訳（2010）『完全な人間を目差さなくてもよい理由〜遺伝子操作とエンハンスメントの倫理』ナカニシヤ出版

〇サイモン、近藤良享他訳（1994）『スポーツ倫理学入門』不昧堂出版

第3章
運動部活動の再考

- アンペイドワーク（Unpaid Work）をなくす
- 部活動をめぐる問題〜学業と競技の両立

アンペイドワーク（Unpaid Work）をなくす

　突然の英語のタイトルに戸惑われるかも知れませんね。しかし、日本のスポーツ活動、特に学校における部活動は、このアンペイドワーク（無償の仕事）が原因となって様々な問題を引き起こしているような気がするからです。つまりは、いろいろな問題を起こすあるいは起こる、諸悪の根源の１つです。

　アンペイドワークは、社会生活のなかでもたくさんあります。その代表的な例が、家事や育児があげられると思われますが、最近ではフェミニズムの立場から異議が唱えられます。いくら家で働いてもなぜお金にならないのかが論点です。他にも会社で残業しても、お金が支払われない超過勤務（サービス残業）もそれにあたります。

　無償ボランティアもアンペイドワークの変種と考えられますが、この場合は、自らの意思で無償の奉仕をすることが前提であれば、厳密にはアンペイドワークにはあたらないでしょう。このアンペイドワークという考え方を、学校教育の場の部活動に携わる顧問にあてはめてみたいと思います。

　確かに、部活動顧問であっても普通の労働者に変わりがないので、勤務時間が決められています。労働基準法によって、１日８時間、週 44 時間となっているはずです。しかし、熱心である、熱心ではないにかかわらず、部活動に携わると、アンペイドワークの時間が出てきます。たとえば、ある先生の場合を見てみましょう。この例は元中学校の教諭に聞いたもので、必ずしも標準ではないかもしれません。その点はご了解ください。

　起床：５時 30 分

　出勤：６時 15 分

　学校到着：７時

第3章　運動部活動の再考　57

朝練習：7時から8時まで

職員会議・打ち合わせ：8時10分から

授業：8時30分から16時まで

放課後（生徒指導および部活動）：16時から19時まで

雑務：19時から20時30分まで

帰宅：21時

　ウイークデーは上記で、さらに、週末の土曜日の午後もしくは終日、そして日曜日はもちろん終日、部活動に携わることになります。特に日本では土曜日、日曜日、祝日に大会や試合が組まれることが多くあります。

　公立や私立によっても状況が異なるので、このような先生の生活が一般的であるかどうかはわかりません。朝練習のない学校、部活動の終了が18時までだったり、土曜日、日曜日は部活動を行わない学校もあるでしょうし、逆に、もっと部活動時間が長い学校や年中無休の学校もあるかもしれません。

　ところで、このような顧問教師の生活ぶりは、そのまま生徒の生活ぶりと重なり合いますし、保護者も同じです。子どもに朝食抜きで出かけさせるわけにはいかないでしょうし、学校給食がなければお弁当も早起きして作らなければなりません。先生も生徒も過酷な、労働基準に反した状況を生み出しますが、それよりももっと保護者の方が過酷な労働、アンペイドワークを強いられる状況も出てきます。

　それはともかくとして、労働基準法に忠実に従うと、8時30分からの勤務であれば、1時間の休憩を挟んで、17時30分には終了しなければなりません。上の先生の例ですと、朝練習の1時間、放課後の17時30分以降が超過勤務となります。さらに、土曜日、日曜日にも部活動や大会に参加すれば、当然、休日出勤で、本来ならば振替の休日（代休）が必要になります。ただし、夏休みや春休み期間中に振替を確保しているかもしれませんが。

ここで問題としたいのが、無給もしくはそれに近い超過勤務としてのアンペイドワークです。アンペイドワークについて、たとえば、「教職は聖職なのでアンペイドワークがあっても当然」という聖職観からの反論がありそうです。

アンペイドワークの落とし穴

しかし、アンペイドワークには陥穽（落とし穴）があります。教師聖職観から生じるアンペイドワークによって、まず、教師の過剰労働になっていることがあげられます。ウイークデーの5時半の起床から21時の帰宅や、ウイークエンドの終日、部活動の指導では、教師自身の家庭生活は完全に犠牲になっています。同時に、授業の準備、学級経営の仕事にかけられる時間はほとんど確保できません。こまかなことを言えば、日曜・祝日の出勤する必要がない日、勤務時間外に学校に出向くわけですから交通費や車ならばガソリン代もかかります。公式の大会はともかく、他の学校での練習試合であれば、交通費も自己負担ですし、時には生徒に、ジュースやアイスクリームをごちそうするかもしれませんので、それも自己負担です。アンペイドワークによって、教師の肉体面、精神面、経済面で自己犠牲そして家族犠牲が強いられています。

また、聖職観から生じるアンペイドワークによって、いい加減な指導や過剰な指導までも容認される可能性も無視できません。つまり、「お金をもらっていないのだから」とか、「生徒のために自分の家族を犠牲にしているのだから」とか、「これだけ生徒のために尽力しているのだから」といったことになるのです。過剰で間違った方法、つまり体罰による部活動の指導もまた、このアンペイドワークも根底にあると思われます。

第 3 章　運動部活動の再考　59

　さらに、アンペイドワークは、自分が担当する授業を大切にし、家族を大切にする他の先生への圧力・強要（コアージョン：coercion）にもなっています。休日も熱心に指導される先生に比べて、サラリーマン的だとか、熱心さが足りないなどと、生徒や保護者から、そして同僚の熱心な部活動顧問からも、過剰な圧力がかかるわけですから、このアンペイドワークを何とか是正しなければなりません。

アンペイドワークを生徒の側から、教師の側からみると

　アンペイドワークにはどのような問題点があるかを整理してみます。

　まず、生徒の側からみれば、大半の部活動顧問は、体育やスポーツ科学の知見を修得していない、専門家ではない先生方です。過去のスポーツ経験や誰もなり手（引き受け手）がないために、やむなく部活動顧問を引き受けている場合も多くあります。それもそのはず、一応、体育やスポーツ科学の知見を学んできたのは（保健）体育教師だけです。教育課程上の体育授業の関わりから、各学校に体育教師は全教師の1割程度しかいませんから、保健体育以外の他の先生方は部活動指導は素人です。さらに、体育の教師と言っても、多種多様なスポーツ種目がありますから、その種目の専門家ではない場合もあります。学校の部活動には、野球部も、バレーボール部も、柔道部もあります。体育教師は、体育の授業を行う上でのノウハウは修得してきますが、自分で専門に携わる種目は多くても3種目程度で、大半が1つのスポーツ種目だけをずっと続けています。なぜなら、1つのスポーツ種目を長年にわたり続けることは日本では美徳になっているからです。

　このように考えますと、部活動顧問で本当に専門（スポーツ種目）としての資格を有する先生は殆どいないことになります。専門でない人から指導

されるのでは、科学的、合理的な技術習得が難しいのは当たり前です。先生自身も昔の経験を思い出したりしながらの試行錯誤なのですから。

この点は生徒にとって大きなマイナスです。スポーツには、技術のレベルに応じて異なる楽しさ、豊かさがあります。学校教育における部活動の目的は人間形成かもしれませんが、日常的には技術の上達が目標ですし、対戦相手に勝つことが目標になります。技術向上や勝利を目指した努力がなければ、気の抜けたビールのようなものです。味も素っ気もありません。ただし、技術向上や勝利追求のためならば、どのような手段を講じてもよいということではありません。正しくスポーツを理解し、実践して初めて、本物のスポーツの価値に触れたり、享受したりすることができます。

以上のことから、理想から言えば、体育やスポーツ科学の知見に精通した指導者に生徒は指導される方が望ましいことに異論はないと思います。ではそれをどのように実現するか。それはもう少しあとで述べます。

次に教師の側からみると、上述のように、過去にまったく当該スポーツ種目に経験がなくとも、部活動顧問に指名されるのですから大変です。時には、引率の教師が審判もするように求められる場合もあります。自分の授業の準備、教材研究もあるし、学級経営（学級通信等の作成、進路指導の資料作成、等々）、時には、部活動の生徒だけではなく、生活指導、学校行事の企画・運営も行わなければなりません。つまり、部活動以外の仕事が山のようにあるのです。

山積した仕事と部活動への時間の両方を満たそうとすれば、当然のことながら、過剰労働になることは間違いありません。調整とか折り合いをつけるという表現には、もしかしたら教師の仕事の最も中心であるべき授業が手抜きされてしまうのではと心配します。

というのも、自分の専門の授業は、一応、教員養成機関でノウハウを学んできていますし、教科書や指導書なる「虎の巻」もあります。教科書を

第3章　運動部活動の再考　61

読むだけ、あるいは「虎の巻」を使って授業を行うことは、教師としてはそれほど難しいことではないのかもしれません。

　それよりも、まったく未知、未経験の部活動顧問の方が素人ですから大変です。初学の一からの学習になります。時には、教科の授業よりも、結果がすぐに出る部活動の方がだんだん面白くなる先生もおられます。それは部活動の「麻薬性」とも言える性質です。麻薬ですから引きこまれるとそこから抜け出すことが難しくなります。動機レベルの高い生徒達に教えるのは先生にとっても楽しいことですし、熱心に携われば携わるほど、生徒達のレベルが目に見えて向上しますから、とりつかれていくのもわからないではありません。

　部活動の「麻薬性」は、教師という専門職にはマイナスです。理由は明らかで、「授業で勝負すること」が教師の第一の使命で、第一義でなければならないからです。

アンペイドワークの是正の利点

　では、この部活動におけるアンペイドワークをどのようにしたらよいのでしょうか。

　ここでの私の提案は、もうあちこちの識者が唱えられている考え方と同じです。つまり、部活動を学校教育から切り離し、地域に活動母体を移してみてはどうかということです。その理由は明確で、教師には授業を最優先にし、部活動よりも他の職務に専念してほしいからです。

　地域に根ざしたJリーグの理念もそうですが、文科省による「総合型地域スポーツクラブ育成事業」も部活動に代替する可能性がある取り組みです。スポーツクラブの構想そして運営が行政主導型ですと、いろいろな問題

が生じる可能性はありますが、基本的理念としては賛同できる方向です。

それでは、部活動を地域に移すと、どのような利点があるでしょうか。

まず、部活動顧問の過剰労働が改善され、アンペイドワークが解消されます。授業が終了すれば、教師は部活動に出向くことなく、様々な別の仕事に時間を費やすこともできますし、家族を犠牲にすることも、部活動に熱心な先生を評価する生徒や保護者からの無用な圧力は、制度上、なくなります。その際、保健体育の教師であっても、できれば地域のスポーツクラブの指導は行わず、保健体育の教師としての職務に専念して欲しいと思います。教師と地域スポーツの指導者の「二足のわらじ」は、「二兎を追う者は一兎も得ず」のたとえ通り、中途半端になりますし、アンペイドワークを解消する最大の目的が達成されません。この提言は、教師の過剰負担を是正するためなのですから、両方を行っては当初の目的は達成できません。

次の利点は、特定スポーツ種目に精通した専門家の指導が受けられます。そのことによって、学校の部活動よりも技術向上、勝利追求のための最新の科学的、合理的指導が保証されます。「技術が向上すればよいのか」とか、「勝てばいいのか」とか、「人間形成はどうするのか」といった疑問が出るでしょう。それらへの再反論もできます。「技術が向上しない指導は認められるのか」、「負けようとすることはよいのか」、「ルールやフェアプレイに従って、勝とうとすることが何が悪いのか」、「人間形成はスポーツ活動だけで行われていない」などと反論することができます。

真の勝利至上主義は人間形成とは全く矛盾しません。真の勝利至上主義は、勝つためには何をしてもよいということではなく、選手側から見れば、「スポーツ」という決められた枠・条件（ルール）のなかで最大限の努力をすること、指導する側からすれば、試合のなかで選手の潜在能力を全面的に開花させることです。そのため、真の勝利至上主義を理解している指導者は、少なくとも目先の勝敗にはこだわりません。生徒、選手の将来にとっ

て障害になるようなことを取り除くこと、日頃の練習の成果を確認することが、大会参加の目標であると考えています。選手は1人ひとり別人格ですから、成長の度合いが1人ひとり異なります。適時性の原理に基づいて、選手の未来を保証するような指導者こそが、真の勝利至上主義を理解している人です。その意味からすれば、各学校レベル、たとえば中学校、高校、大学とそれぞれの段階で成果が求められている日本のシステムは、選手を潰してしまう可能性があります。過剰なトレーニングやけがをおしての出場によって、選手の将来を台無しにした事例はたくさんあります。

　3つめの利点は、自分の興味にあった、レベルにあった、多彩なスポーツ活動ができる可能性があります。部活動では、その活動方針に合わない場合は、いくら興味があっても部活動には参加できません。多くの趣味があり、スポーツ活動に週2回だけ参加したいと言っても、現状では不可能か、難しいでしょう。ましてや、毎日練習するバレーボール部があれば、体育館は占有されるわけですから、そのバレーボール部に所属していない生徒らがちょっと体を動かしたいと考えても体育館は使えません。

　部活動による施設占有については多くの問題がありますが、1つだけ大切なことを述べます。それは、特定の生徒だけで施設を占有することは「教育の機会均等」理念に反しているということです。たとえ週1回、2回の参加であっても、スポーツ参加が保証されていることが学校教育の理念だからです。授業以外の時間は、主として部活動だけに体育館やグラウンドの施設が占有されている現状は、じっくりと考え直す必要があります。

　理想的には、総合型地域スポーツクラブには参加レベルに応じたプログラムが用意されることです。欧米では、自分にあったレベルでスポーツ指導を受けることができます。その際、経済的にクラブを支えるのは、受益者自身、つまり自己負担が原則です。学校の部活動なら「タダ」、つまり無料であるからこそ、アンペイドワークの落とし穴にはまっているのです。「タダ」では

指導者も選べません。自らのスポーツ活動に投資しているからこそ、指導者にスポーツの価値を最大限享受できるような指導を求めることができます。何も負担しない「タダ」（フリーライダー）ではできません。「タダほど高いものはない」と言われる通り、間違った指導であっても、しかたがないかと泣き寝入りするしかないのです。「タダ」なのですから。

　また、総合型地域スポーツクラブでは年齢を超えた異年齢集団の活動ができます。現代社会は、かつてのように地域の子ども同士で遊ぶことがなくなり、同級生しか知らない狭い人間関係に陥っています。学年が異なれば、まったく生徒の名前も知らない、時にはその生徒がいたことも知らないことがあります。総合型地域スポーツクラブでは、複数の学校区、年齢の制限もなく活動ができます。台湾を訪れたときに実施されていた、年齢合計、270歳の9人制バレーボール大会のような企画もできます。地域の教育力が弱まっていると言いますが、この総合型地域スポーツクラブの実現によって、少しでも地域の教育力が強まる可能性があります。単発的な地域の行事（市民運動会、球技大会、等）では限界があります。日常的なスポーツ活動の場を提供することが重要になるでしょう。

終わりに

　学校教育から部活動を切り離すことは、アンペイドワークを含めて、様々な問題が是正できると考えられます。その実現に当たっては、多くの問題点もあると思います。しかし、現状の部活動のシステムを放置しておけば、子どもたちの豊かなスポーツ文化を享受できる芽さえも摘み取ってしまいます。日本においては、草の根運動によるクラブ組織をつくることは難しいかもしれません。やはり、日本の現状では、設立のきっかけは行政が主導になって

第3章　運動部活動の再考　65

組織作りの支援をすべきとなるでしょう。

　この総合型地域スポーツクラブを育てることが、生徒にも、教師にも、そして保護者の皆さんのためになると私は考えています。顧問教員による閉鎖的な部活動ではなく、親子、隣人同士、隣の学区の友達と一緒にスポーツ活動ができる開放的な環境を実現するように、1人ひとりが何らかの行動を起こす時期に来ています。

　承知のように、1961年のスポーツ振興法の制定から半世紀後、2011年6月17日に「スポーツ基本法」が成立しました。この法律には、スポーツを行うことが国民の「権利」と謳われています。その意味で、教師による「アンペイドワーク」に依存する部活動では不十分であることは間違いありません。この歴史的な法律の制定を契機に、学校における部活動のシステムについて、今一度、再考してはどうでしょうか。

付記：運動部活動はアンペイドワーク（無償の仕事）としていますが、厳密にはそうではありません。1971年の「給特法」（正式名は「公立の義務教育諸学校等の教育職員の給与等に関する特別措置法」）によって、公立校教員には月給4%が教職調整額として支給されています。ただし、この法律は「定額働かせ放題」と揶揄されるほど、教員の長時間労働と賃金との関係を見え難くしているのです。

部活動をめぐる問題～学業と競技の両立

　皆さんは、部活動との関わりで、学業を優先すべきか、部活動に重きを置くかを悩まれたことはありませんか。もしかしたら、保護者はお子さんからどうしようか相談されたことがあるかもしれません。文武両道が望ましいことは誰もが承知していますが、それほど簡単ではありません。多くの場合、部活動を優先すべきか、それとも学業を優先すべきかを選択しなければならない状況に置かれます。

「欠席届」にまつわる状況

　聞いた話ですが、某大学では、試験の解答用紙に、「所属運動部名と氏名を明記すれば、試験に合格する」ということがあるようですし、在籍する学生全員が一度に校舎に入りきられないために、授業の出席をとらないとか、半分の学生はグランドや体育施設で活動することをあてにしている大学があるようです。

　これらは作り話、単なる噂であると思いますが、これが事実だとすれば、学業と部活動のどちらを優先すべきかという昔からの悩ましい問題は生じません。なぜなら、そこでは、部活動が完全に優先され、学業は完全にないがしろにされており、悩みが生じる余地がないからです。

　では、なぜ、このような話を出したかと言いますと、私の大学で部活動を優先し、出席回数が足りなくなる（予想される）と、必ず学生が、「某大学では、大学を代表して大会に出場すれば、欠席は大目にみてくれるのに」

と文句を言うからです。「そういう大学があったとしても、それは大学とは言えない」と私が反論しても、ふてくされた態度を示します。

　全国どこの大学でも試験規程があって、ほぼ同じだと思いますが、私の勤務する大学では、試験規程の第5条によって、授業回数の2/3以上、出席した学生に対して評定することが決められています。すなわち、「第5条：試験を受けることのできる者は、履修登録した各授業科目の出席回数が総授業回数の2/3以上かつ学費を納付している者とする。」また、試験欠席が以下の理由である場合には、追試験が受けられるとしています。その試験規程の第14条には、「追試験を受験しようとする者は、欠席した科目の定期試験実施日の翌日から7日以内に、所定の定期試験欠席届に次の欠席理由を証明する書類を添えて提出しなければならない。（4）本学の代表として出場する競技大会又は全国レベル以上の大会への出場（当該大会のプログラム又は参加を証明する文書）」とあります。

　私が勤務する大学は、春秋の2学期制で、各学期は15回の授業があります。2/3以上の出席が必要ですから、10回は出席しないと評定が出ません。ただし、誤解の無いように、2/3以上の出席があれば、誰もが合格する意味ではありません。10回以上出席しても不合格があります。不合格も評定です。

　それはともかくとして、いつも問題となるのが、「欠席届」の扱いです。欠席届は、本人が授業に出られなかった場合に提出するものです。ほとんどは、対外試合、つまり部活動です。この場合、スポーツ種目によっては同情すべき点もあります。というのも、マイナーなスポーツ種目の場合、使用施設がウイークデーにしかとれず、授業と重なることが多くあるようです。たとえば、毎週水曜日に授業が設定されている場合、その曜日に4週間にわたってリーグ戦、そしてインカレが西日本と全日本のそれぞれが2回ウイークデーにあればそれで6回欠席となり、当該学期の試験は受けられず、結

果的に評定されずに不合格となり、単位は取れません。そんなときに、2／3以上の出席が満たされない時（恐れがある時）に、学生が教員に何とかレポートでも課してくださいと、泣きつくわけです。

　ここでの根本問題は、授業と重なるような平日に試合を組むこと自体です。これは何も大学に限らず、大会によっては高校や中学校でもあります。たとえば、全国高等学校野球大会の予選は、夏休み前の平日に行われます。野球に限らず、他の種目でも全国大会に通じるような大会予選は、平日に行われることがあります。大会を運営する大人の責任は、まずもって学業とぶつかるような大会運営自体を改めることです。そうしなければ、学業との両立は不可能です。

「欠席届」を有効にできない理由

　それはさておき、「欠席届」の話に戻ります。私は、次のように「欠席届」を扱っています。授業の最初に、「欠席届」は提出する必要がないと言います。その理由は、「欠席届」は欠席であって、「出席届」ではないからです。これが学生には不評です。学生からすれば、「ちょっと大目に見てよ」とか、「大学を代表していくのだから、公欠（大学が認定した休み）の扱いにしてよ」と言いたげです。

　私の答えは、当然、前述した学則を持ち出します。「学則では、授業回数の2／3以上、出席した者に対して評定することが決められている。」その学則に異議があれば、改訂するように申し出て、「大学を代表する試合ならば、試験期間以外でも、公欠とする」よう大学側に働きかけるべきと学生に言います。

　しかし、この学生の提案は受け入れられるとは思われません。なぜなら、

学生というのは、大学に入学が許可されてから、次に部活動に所属するからです。その反対に、部活動に入部してから、次に大学に入学が許可されたわけではありません。新入生に自己紹介をしてもらうと、時々、「○○部に入部した○○です」と言います。この発言に示すような認識に問題点が潜んでいます。正しく自己紹介すれば、「私は、○○学部○○学科に入学し、○○部という体育会（あるいはサークル）に所属しています」となるはずです。

　本来、学生は、何らかの専門性を身につけるために、大学に入学し、余力として部活動を行ってなければなりません。部活動だけを行い、優秀な成績、たとえばオリンピックで優勝しても、学部の卒業にはなりません。それは、私の勤務する特殊な大学、体育・スポーツ系の専門学部であっても同じです。その理由は、特定種目に精通していても体育の専門家にはなれないからです。特定種目に精通するだけで卒業させることができるのは、たとえばサッカー大学、バレーボール大学、体操競技大学という特定種目だけを行う大学だけです。しかし、日本ではそのような大学はありません。

　学生には、授業回数の 2/3 以上出席できないのであれば、部活動を自粛する、つまり、学業を優先させるように言います。ただし、例外があります。それは、大学対抗レベルを超えた技能を持つ国際レベルの場合（オリンピックや世界選手権に出場するようなとき）です。その場合に私は、休学をすすめます。「二兎を追う者は一兎を得ず」ではありませんが、学業に後ろ髪を引かれながら、スポーツを続けることは明らかにマイナスです。

　一般的にスポーツは、競技のピークが若い時でしかも 10 年程度の短い場合がほとんどです。恵まれた才能を十全に開花させないのはもったいない限りです。教員に頼み込み、どさくさに紛れて単位を取得したり、卒業してしまうよりも、競技に専念したために休学、留年した方が社会的評価も高まるというものです。日本を代表するような選手が学業も同時に修められると誰もが考えないからです。誇りを持って、休学、留年をすべきです。

欧米の選手らが、高校生や大学生のある時期、スポーツ活動に専念して、目標が達成できた後に、再び学業に戻って専念する姿勢は見習うべきです。オリンピックに参加した選手（中には、国際大会期間中に試験のために帰国した例もありました）が、その後、大学に戻って学業を修め、医者や弁護士となっている事例が多々あります。そこでは、二兎を追わず、自分にとって価値の高い期間は、学業を休み、競技に専念しています。

このような日本を代表するような選手は別にして、その他の学生には部活動の自粛を伝えますが、出席回数の 2 / 3 は、逆読みすれば、1 / 3 は自らの意思で休めることになります。そこでは、最初から計画的に 2 / 3 以上の出席ができるようなプランニング能力が必要です。

また別の視点からみると、4 月から 9 月までの半期は、26 /52 週で構成され、そのうちの 15 回（15 週）の授業があるので、その差し引きである 11 週は授業がない期間があり、その間は授業とバッティングすることなく部活動が可能です。そして、原則として、補講とか、集中講義などがなければ、年中、土日、祝日は部活動ができるわけです。

もっと厳しく、細かく言えば、大会出場とか、合宿参加などが、すべて同格の価値を有するとは思われません。地域レベルの大会を重視する部活動もあれば、全国レベルの大会を重視するところもありますし、シーズンスポーツで、たとえば、冬季に大会や合宿などが集中するのであれば、春学期に集中的に授業を組み入れたりすることも考慮する必要があります。特に、大学は高校とは異なり、全員が同じ授業配置でなければならないわけではありません。自分自身で年間の授業計画を緻密に立て、学生／選手（Student/Athlete）としての活動を全うしてほしいと思います。時には、1 年単位ではなく、在学中の 4 年間計画を立案して授業との両立を図る、自己マネジメント能力を身に付けてほしいと思います。

こうした個人の努力の他、大会や競技を運営する組織もこれまでの大会

運営を見直す必要があります。とにもかくにも、根本的には、平日に試合を組まない競技団体の配慮が必要ですが、やむなく組む場合であっても、同じ曜日に組まない配慮が必要です。そうした配慮は競技団体の責任です。活動の主体である選手に配慮することは、競技団体が行うべきフェアプレイなのです。

　以上の話をまとめると、「欠席届」は有効ではありません。特に大学生の場合には、過保護な制度だと思います。学則の2／3以上の出席を遵守するためのプランニング能力とか、マネジメント能力、つまり、自らの裁量権を行使する能力も育まなければなりません。「欠席届」という甘えを残す制度を廃止する方が個人の能力を高める可能性があります。

高校や中学校ではどうだろうか

　大学生には、単位取得が自分で計画できるよう大人の扱いをしています。しかし、高校生や中学生の場合はどうでしょうか。高校生や中学生は、当然、教師や保護者、特に教師にその裁量権が委ねられています。そのため、極端な場合、部活動顧問が年中無休で休みをつくらない方針ならば、生徒はそれに従うか、それとも部活動から身を引くかです。他にも理論的には考えられます。それは、顧問教員を代えてもらうという方法もあるにはありますが、なかなか現実には難しいことです。

　私の子どもたちの高校や中学においても、平日に大会が組まれることがありました。その際、私の子どもが通っていた中学校では、大会に出場する生徒は当然授業を受けられませんので、大会に出場しない生徒は自習になっていました。大会中に授業を進めてしまうと、大会に出場する生徒とそうでない生徒とに差がつくからでしょう。等しい学習権が、一応、保証されてい

ました。しかし、繰り返しになりますが、授業と重なる平日に大会を組むことは極力さけるべきなのは当然です。

　高等学校ではどうでしょうか。これも私の子どもが通っていた高校でしたが、大会に参加する生徒が授業を受けられなくても、他の生徒には通常の授業が行われていました。そうすると、当然、大会中の授業を休めば、その間の授業はわからなくなります。授業を欠席した生徒を対象に、補習授業は行われていませんでした。おそらく、欠席した生徒は自分自身で学習することが求められていました。しかし、これは生徒にとって相当な負担です。学校側が、授業を休むことを認めた以上、その代替処置を講じる責任があります。代替処置がなければ、等しい学習権を保証されているとは言えません。

　これを言うと愚痴になりますが、私の息子の場合、チームが勝ち進み、ほぼ1週間近く授業を休み、その後の授業がわからなくなったようです。本人のせいだと言われれば、その通りですが、何らかの代替処置が必要です。その際、私の息子は試合に出ていたので少しは浮かばれますが、試合に出ない生徒達も同じように授業を休んで試合に出かけていました。これは少々、問題があります。たとえ授業と重なっても、大会に登録していない生徒までも応援のために同行させるべきでしょうか。

　これは部活動顧問の考え方次第で選択が分かれます。

　部活動顧問が、出場する選手だけが試合を行っているのではなく、部活動に所属している全員が試合を行っていると考えれば、応援もまた部活動の一環となります。そうなると、たとえ3年生の大会であっても、1年生も応援に出かけます。当然、授業は受けられません。保護者も1年生は授業を受けさせてほしいと思いつつも、言い出しにくいものです。

　次に、部活動顧問が登録選手だけで試合に臨み、応援を必要としないと考えれば、他の部員は授業が受けられます。登録されなかった選手が授業

に専念できるか否かは別として、少なくとも学習権は保証されます。

この場合、登録されていない選手に自己選択させる方法もありますが、未成年である生徒にこの自己選択権を与えるには問題があります。顧問教員と生徒との関係は対等ではなく、力関係に強弱があります。生徒は弱い立場ですから、顧問教員がその点を配慮し、少なくとも授業と重なる場合には、登録した選手だけで試合をするのが、私は正しいと思います。

ここには応援の教育的価値が問われています。応援によって帰属意識や仲間意識を高める可能性はあります。しかし、それが授業を犠牲にしてまで必要かどうかが問われていますし、学業と部活動との価値付けが問われています。私自身は学業を優先すべきと思っています。

ところで、応援に関していつも不思議に思うことがあります。それは高校野球の応援です。多くの高校が自校の対戦する試合に、全校生徒をあげて応援に出かけると聞いています。野球部以外にも多くの運動部がありますが、全校あげて応援にでかけるのは野球だけのようです。これが本当に不思議です。野球だけが何だか特権をもっているかのようです。本来は同等で、在校生の意思を尊重して、応援に出かけるか、出かけないかを自由に選択できることが正しい姿です。しかし、東京六大学の早慶戦にでかければ、一般体育授業の出席に代替するという大学教員もいると聞いていましたので、日本における野球はやはり特別なのかもしれません。ただし、それが正しいかどうかは別問題です。

学校における部活動の価値

古い話ですが、私の家族は、アメリカにほぼ1年間滞在したことがあります。その時に様々なアメリカ社会の出来事、価値観に触れることができまし

た。

たとえば、土地が広大なためでしょうか、「急いでもすぐに到着しない、よって急がずのんびり行こう、そのうちに目的地に辿りつくだろう」という考え方が印象的でした。そして、もうひとつ、日本と比べてアメリカは「やり直しがきき、選択できる、ゆとりある社会」のように感じました。

日本の場合の価値観は、何か1つのことを我慢して続けることが美徳とされています。そのため途中での進路変更を許容しない、変更し難い社会のような気がします。転職することが、世間から白い目でみられる場合が日本ではありますが、アメリカ社会では、自分の適性・能力に応じて転職するのは、当然のことと考えられているようです。

このような考え方の相違は部活動にもあります。

日本において運動部を途中でやめるにはとても勇気がいります。退部すると、その人間性までも否定されることもあります。退部者をみる目は、冷たく、軽蔑しているようにも見えます。辛くて厳しい試練に耐えてこそ、一人前の人間になれるという精神論が残っています。

しかし、すでに自分の適性に合った種目を選択している場合には、その道の専門家として残っていくために必要でしょうが、もし選択した種目・環境が自分に適していない場合、その場合はどうしたらいいのでしょうか。日本では、通常中学校で概ねスポーツ種目を決定する場合が多く、それも部活動に熱心な先生の勧めによって加入します。しかし、その人に真に適している種目（あるいは進路）を誰が決定できるのでしょうか。発育発達段階にある中学生に、確定的な選択をさせることが果たして可能なのでしょうか。本人も保護者も教師も不可能で、多分、誰も真の決定者にはなれないので、暫定的に決定しているにすぎません。

中学時代に限らず、人間は一生、暫定的な進路を進んでいると考えれば、当然、途中で進路の変更はあり得るし、そのようにできる方が人間的では

ないでしょうか。最初の決定を長期にわたって継続することは、それはそれ
で美徳でしょう。しかし、周りから美徳に見えたとしても、その本人が不満
足であれば、その人にとって継続することは、意味が見いだせず、苦痛では
ないでしょうか。途中で進路変更する余地、ゆとりがあるという点からする
と、アメリカ社会の方が、日本より「人間的、人間中心的」だと思います。
生涯学習社会が整備・保証され、自分の努力次第で様々な能力が伸ばせる
社会の方が人間的と思われます。

深みと広がり〜日米比較

　上述したように、わが国では、長く1つの事柄を継続することが美徳とさ
れ、途中でいろいろ手を出すことは、「あきっぽい、腰の落ち着かない人間」
と評価されます。再び、運動部を例にあげて考えてみます。

　運動部活動に対する評価を、「長く継続するのが良い」に加えて、「長く
継続するのも良い」にする、具体的に言うと、別の観点「多種目にわたっ
て卓越している」を入れるのはどうでしょうか。量的に説明すれば、1種目
を12年行なえば$1 \times 12 = 12$、3種目を各々4年ずつ行なえば、$3 \times 4 = 12$
2と同じになります。

　ここでの反論は、1種目12年と3種目各々を4年ずつでは、「質」が違
うという点でしょう。この反論はもっともです。しかし、これを1種目の深
みと3種目の広がりという点で判断したら、どちらに軍配があがりますか。
深みと広がりのどちらに価値がありますか。日米を短絡的にあてはめると、
日本は深みに、アメリカは広がりに価値をおいていると結論づけられるかも
しれません。しかし、それは多分誤りで、日本の場合は、深みから広がりに、
アメリカの場合は、広がりから深みに価値をおき、両者は単に方向の違いが

あるだけというのが正解ではないでしょうか。

　ただし、両者に決定的に違うことがあります。日本の場合、深みから広がりへの方法論は何も示されていませんし、制度的にも保証されていません。そして本人が修業・継続すれば自然に身につき、もし身につかなければ本物ではないと評価されるでしょう。

　ところが、アメリカの場合、広がりから深みへの方法論は、価値観の中にも、制度的にも現われています。つまり「やり直しがきく社会」が、広がりから深みへの道を保証しているのではないでしょうか。失敗しても途中からやり直しができ、自分で選択できる道があればこそ、自分に最適な道が選べる可能性が高まるのではないでしょうか。幅広く、様々な経験の中から、自分の適性を探し出し、その能力を専門的に伸ばすだけの準備がなされています。私が受講したアメリカの大学院の授業は、午後6時から始まり、仕事・クラブ活動を終えてから、自分に興味、関心のあるコースを受講できるように整備されていました。

　これが「広大なアメリカの生活圏」から発想した日米社会の比較です。私の結論は「アメリカ社会の方が人間的」となるでしょうが、では、私がアメリカ社会から何を学び、また得たことをどのように日本に生かせるのかという具体策を考えねばなりません。アメリカ社会の原理は、誠に簡単で「人間をできるだけ多くの点から評価する」ことで、その原理は簡単ですが、それを実現する方法論は難しいのです。

多種目のスポーツに関わっては？

　「多種目にわたって卓越している」を評価観点にするために、アメリカの制度にならって、運動部活動にシーズン制を導入してはどうでしょうか。バ

レーボール活動を例に、シーズン制を紹介しましょう。

アメリカにおけるバレーボール活動は9月から11月がシーズンです。シーズンの開始は、つまりチームとしての練習開始日は、その地域の連盟で決定されています。スポーツの本質である「平等」という原則から、練習開始日と練習時間が決められています。つまり、毎日2時間練習するチームと毎日4時間練習するチームとは対戦しないということです。練習の量は必ずしも質に転換しませんが、2倍もの練習時間の差があっては、正確かつ確実に対戦相手との能力差が決定できません。

日本の場合、毎日4、5時間も練習するチームと週2回2時間程度の練習時間のチームが同じ大会で試合をします。しかし、それは、アメリカ人に言わせれば、真の勝者を決定するだけの条件が違いすぎるために「スポーツの平等原則」に反するのでアンフェアです。

かつて、122対0の日本の高校野球の地区予選が話題になりましたね。こんな試合はアメリカでは実現しません。「人間の尊厳」を傷つけてはいけないという考え方が根底にあるので、こんな大差には決してなりません。アメリカでは日本と異なり、リードしたチームが得点の山積みを遠慮します。またそのような事態を避けるために、このようなミスマッチは最初から組み合わせとして存在しないような工夫がしてあります。アンフェアを嫌う社会だからです。

それはともかく、日本もシーズン制を導入して、同じ条件の中で、最も優れた個人やチームを決定できるシステムにしてはどうでしょうか。

例えば、3か月制、半年制、1年制の全国大会を創設して、それぞれの条件の中での日本一を決定するのです。どの条件下の日本一が最も価値が高いかは判定できません。もちろん、3か月制と1年制が対戦すれば、力量差は歴然としているでしょうが、条件が違うので、可能性まで含めれば、両者に差があるとは言えません。3か月制は、期間が終われば別の種目を

選択するのも良いし、勉学が遅れればそれを取り戻すための期間に次のシーズンをあてる（ちなみに、滞在した大学では、NCAAルールによって学業成績が一定レベル以上を確保できないと、次のシーズンはスポーツ活動の選択ができませんでした）(注) のも良い選択でしょう。

　要するに、個人あるいはチームで、3か月、6か月、12か月（1年）制を選択できるようにするのです。色々なスポーツが好きな人、体育教師を目指している人、あるいは自分に合ったスポーツを探している人ならば、3か月制に入り、年間に3、4種目を選択して、自分の目的を達成してはどうでしょうか。そこでは制約された中ではあっても、日本一を目指すこともできます。参加する個人やチームが、大体同じレベルである時、たとえレベルが低くても、満足にプレイできる体験は得られます。また、自分に適した種目が見つかり、専門的にプレイしたい場合には、1年制に加入して卓越した技能を身につけることもできます。

自分たちのための部活動であることを忘れずに

　以上、部活動にまつわる諸問題を、大学の「欠席届」を出発にして、いろいろと考えてみました。そこには、やはり固定観念や固定意識が邪魔をして、自分たちにとっての好都合の部活動システムに変えていく創意・工夫が不足しているのではないかとの印象が、私にはあります。

　特に、冒頭に取り上げた、古くからの学業と競技との両立問題では、やはり、学生選手（Student/Athlete）の語順通り、学生が優先で選手がそれに準じる優先順位にしておくのがよいと思います。それは、学業を終えたときに、選手として生計が立てられるだけの日本の（プロ）スポーツ環境が整っていないし、ほんの一握りの生計が立てられる（プロ）選手に夢見て、

学業を放棄するような賭け事はする必要がないし、そうしてはいけないと思います。

しかし、どうしても学業ではなく競技（選手）を優先したいのであれば、高校や大学に入学することなく企業やプロスポーツなど、最も競技レベルが高まる時期に選手生活を過ごす方が適正です。その理由は、明確で、学業は、競技（プロ選手）生活を終えてからでも、高校や大学に入学して学業を修めることはできますが、その逆で、年齢が高くなってからの競技（選手）生活への復帰は難しいと考えられるからです。

人生の基盤作りである基礎学力を放棄することなく、学生選手（Student/Athlete）としての立場を十分にわきまえて、文武両道を目指してほしいと思います。

また、これまでの部活動の見方や行い方を固定的に考えずに、もう少し柔軟に改革していくような創意、工夫が求められます。自分たちを固定的な部活動の枠にはめ込もうとしないで、私たちが部活動のやり方を柔軟に変えていく方向が重要だと思います。

（注）日本の大学スポーツが大きく変わろうとしています。スポーツ庁は、2019年から全米大学スポーツ協会（NCAA）をモデルに日本版のNCAAを発足させます。日本版の大学スポーツ協会（UNIVAS）は、大学スポーツの環境整備や活性化に取り組む統括組織として、学業充実、安全・安心のスポーツ環境、事業マーケティングが展開されます。具体的には、表彰制度、指導者研修、入学前教育、UNIVASカレンダー、学業基準、相談窓口の設置、医師等の派遣助成、安全・安心のガイドライン、映像配信などが企画、立案されています。特に本稿の「欠席届」と関わる学業基準問題は、2019年4月から実証実験が始まり、2022年4月からは学業基準に基づく出場制限などが実施される予定です。

第 4 章
根絶すべき体罰問題

- スポーツ指導と体罰〜倫理なくしてスポーツなし
- なぜ部活動の体罰・暴力が表面化しないのか

スポーツ指導と体罰

～倫理なくしてスポーツなし～

はじめに

　この基調講演の副題に「倫理なくしてスポーツなし」とつけました。これは二宮金次郎が述べた格言を真似た表現です。昔はどこの小学校にも彼の銅像がありました。（右下の写真）二宮は貧しい農家の生まれでしたが、努力家、勤勉家でした。彼が残した有名な格言に、「道徳を忘れた経済は罪悪である。経済を忘れた道徳は寝言である」があります。副題はその格言の言い回しと彼の考え方を援用しました。「倫理なくしてスポーツなし」あるいは「倫理を忘れたスポーツは罪悪だ」とも言えます。後者の罪悪は、害悪と表現しても良いかもしれません。

　スポーツはもともとアツイ（熱い）ものです。アツくても良いのですが、同時にクール（冷静）でもなきゃダメです。アツいだけではけんかや暴力と同じになってしまうので、クールさも絶えず保持しなければなりません。今日はそうした話をします。内容は、概略、以下の３点です。

母校の今尾小学校にも

最初は「世代間格差」についてです。本日は、どのようなスポーツ関係者、指導者の方が、来られているかわかりませんが、私自身もスポーツ指導者としてアツく関わった時代があります。

大学に勤めて 40 年近くになります。27 歳で最初に赴任した大学で男女のバレーボール部の指導をしました。いま思い起こすと、その頃はやはりアツいだけでした。私にとって、その頃の学生は弟や妹くらいの感覚でした。現在では還暦を越えましたが、学生はいつも 18 歳から 22 歳の 20 歳前後で、私だけが、毎年、歳を重ねていきます。教員、指導者として、1 年ごとに歳が離れていくこと、つまり、いつも「世代間格差」を自覚していなければならないのです。この話が最初です。

次の内容が、「正しいスポーツの教え方とは何かについて」、そして 3 番目は、「民間スポーツクラブを含めた運動部活動の顧問・外部指導者について」を話す予定です。

私は、高等教育機関としての大学に奉職して以来、現在の C 大学の学生を含めて 30 数年、体罰問題を扱い、体罰が良いか悪いかといった是非論などなく、絶対ダメだと繰り返し言ってきました。学校教育法第 11 条については、授業を受ける学生に全文を書く問題を試験に出すから、必ず暗記するように指示していました。

前任校の T 大学、現在の C 大学の卒業生は、私の授業のことなどすっかり忘れて体罰をしていないか心配です。少なくとも大学に入学して、学校教育法第 11 条というのがあって、体罰が禁止だと、学生全員が試験時には覚えていたと思います。この条文は試験に必ず出すと言って、とにかく丸暗記させました。私は学生らに体罰禁止の条文を 30 年来、暗記させてきましたが、まだまだ世間では体罰問題はなくならず、残念ながら、連綿と続いているのが現状です。

世代間格差の認識

　最初は、世代間格差の話です。こういう場に相応しいかどうか分かりませんが、「ヤクザでも体罰ゼロ」（『女性自身』2013 年 3 月 1 日付）という記事がネットに出ていましたので紹介します。その記事によると、暴力団は、文字通り、暴力的方法で問題解決する集団です。昔は新入の若い組員で何度注意しても駄目な奴にはついつい手が出ていたようです。でも、今は 1 回殴ると 10 人に 8 人は組をやめてしまい、やめた内の 2 人くらいは保護者と一緒に警察に駆け込んでいくというのです。しかし、警察では「きみは暴力団って分かって、組に入ったんでしょう？」と、なだめられて帰されるという、お笑いのネタのような話です。

　皆さん、この話、直感的に体罰や暴力がある運動部活動と似たようなところがあるように思いませんでしたか。強豪の運動部というのは、体罰、暴力、しごきなんて当たり前だと、暗黙のうちに子どもも保護者もそう思い込んでいないでしょうか。つまり、運動部というのは、暴力団、やくざ集団ほどではないにしても、それと変わらないんじゃないかと思い込んでいないでしょうか。この講演の前に 2 人の学生の体罰体験談がありましたが、彼らは叩かれても殴られても、運動部活動を辞めないで続けてきたようですが、ある意味、私は凄いと思います。私だったらさっさと辞めてしまいます。私は、運動部内の指導者であれ、部員であれ、彼らから体罰や暴力を受ければ、運動部を辞める人の方が一般的だと思っています。叩かれ、殴られても運動部活動を継続してきた 2 人と私とは、別の価値観を持っています。

　先の記事に戻りますが、暴力団でも組員が辞めないように、最近は殴らないで組員の減少を食い止めていると書かれていました。運動部ももっと指導の仕方を工夫して、入部する生徒を大事にしないと、生徒が減少して運

動部活動そのものが成立しなくなる、つまり、廃部になる危険性があること
を認識しなければなりません。ヤクザの世界と運動部の世界とは決して同じ
ではありませんが、両者を対比して考える必要があります。世代間格差につ
いて、私たち指導者は真剣に考えなくてはいけないし、時代が劇的に変化
していると理解しなければならないと思います。

　繰り返しになりますが、例えば、これを今の我々の問題に置き換えてみま
すと、顧問・指導者は生徒との世代間格差をいつも認識していなくてはい
けないということです。私たちが子どもだった頃と現代を比べると、今は兄
弟、姉妹も少なく、兄弟喧嘩もあまりしません。喧嘩をして叩かれて泣い
たりすることも少ないので、1回叩かれただけで、もの凄くショックを受け
る生徒がいます。今年、体罰をテーマにした授業の感想、意見を受講生の
大学1年生に書かせたところ、大学生になって初めて体罰、暴力行為を受
けて、軽いうつ病になったと告白した学生がいました。殴られた経験がない
から（殴られた経験があればいいというわけではありませんが）、幼いころか
ら全くこの種の経験がないと、体罰を受けたことを契機に、本当に病気に
なってしまった事例でした。我々教員、指導者はこのことを覚えておかなく
てはいけません。

　また、同じように世代間格差に関する、朝日新聞の記事（2013年4月
24日付）があったので紹介します。その記事では、世代が3つの世代、つ
まり、バブル世代、ゆとり世代、悟り世代にカテゴライズされ、それぞれど
のような特徴があるかが書かれていました。

　まず、バブル世代は、可能性が無限大、競争、右肩上がり、ライバルを
蹴落とす、夢が叶うと信じられていました。このバブル年代に育った指導者
は、指導をガンガンやる、練習すれば夢は叶えられる、何とか実現すると思
い込んでいます。

　それに引き替え、最近のゆとり世代や悟り世代になるとどうなるかという

と、これらの世代では、完全週休二日制、のんびり、ある程度で満足、保護者がなんでも与えすぎる、反抗期なし、ネット世代、過情報社会、意欲・やる気が見えない、などが特徴のようです。今現在は、そういう世代になりつつある。ですから、私が所属するスポーツ科学部ですが、昔であれば体育系、スポーツ学部系の学生の大半は、体育会に入っていましたが、現在では、半分ぐらいしか体育会には入部していません。その理由はいろいろあるでしょうが、高校時代までで部活のやり過ぎというか、大学に入ることで満足してしまう学生もいます。大学では体育会には入らず、スポーツ系のサークルでいいや、ほどほどでいいなんていう学生が多くいます。やはりこの世代の特徴が如実に表れています。

　指導者レベルがバブル世代で、選手レベルがゆとり世代、悟り世代という世代間格差があるというのも覚えておいた方が良いと思います。

日本スポーツ界の特徴

　次に日本のスポーツ界の特徴を抑えておきたいと思います。

　日本の社会は人間関係が不思議な状況にあります。というのも、小学生の子どもたちを見ていると、1年生から6年生まで、互いが対等に名前を呼び合い、私ならコンちゃんとか、よっちゃんと言います。それが中学校に入学すると、突然、誰が教えるかは知りませんが、上級生を先輩と呼ぶようになりますし、上級生は、近藤と呼び捨てにします。自分が上級生になると、下級生は近藤先輩と呼びます。ところが高校生になると、また上級生を先輩と呼ぶ立場、身分になります。いつも集団が先輩と後輩に分かれるという人間関係がある社会です。

　こうした人間関係は欧米と比べると全く違います。ですから、運動部活

動の顧問と生徒の関係も極めて日本的な特異な関係になっています。私は、文部省の在外研究員としてアメリカの大学にいた時、そこで大学院の授業を受けつつ、学部の課外活動（バレーボール）のアシスタントをしていたことがあります。アメリカでは、指導者と選手はファーストネームで呼び合いますから対等です。決して上から教える（教えてやる）という感覚はありません。ですから、教えられる身であっても完全服従なんてことはありません。私が教えても教え方が悪ければ、教え方が悪いとはっきり言ってきました。

　しかし、日本では先生の教え方に対して直截に異議を言うのは極めて珍しい。よって、先生と生徒という日本的な特異の関係性の中で、運動部活動が行われていることを十分に認識しておく必要があります。

　それから、日本において、プロスポーツの野球とサッカーは人間関係の状態がずいぶんと違います。プロ野球では監督や選手間の人間関係は、完全に縦社会的ですが、一方、サッカーでは、もちろんゲーム中でしょうが、あのキングカズでも横浜FCではカズって呼び捨てで言うようです。ですから野球とサッカーは随分違います。選手同士の呼び方についての運動部活動の顧問の評価は異なります。ある部活動の顧問の先生から言わすと、サッカーみたいに対等、並列関係はいまいちで、よくないと言うんですね。先輩後輩という規律が正しく運動部活動に反映されていることを求める保護者の方もいらっしゃいます。日本における野球とサッカーとでは、好対照で、人間関係の向かっている方向が少し違うような気がします。それが日本のプロスポーツの中に反映されています。

日本的スポーツの理解〜スポーツの体育化？

　ここからはスポーツの理解という話に移ります。

日本には明治時代に外来スポーツが入ってきます。外国人のコーチによってベースボールとか、漕艇とか、陸上競技などが紹介されるのですが、この紹介はエリート教育の一環として入ってきます。エリート教育ですから、そこでのエリートらは、真剣勝負の側面だけを学び、スポーツが有する娯楽性などは、上手く吸収できなかったようです。エリートが真剣にスポーツに参加し、決して遊びじゃないということ、まさしく、野球道の世界に染め直しました。武道と同じように、野球にも道をつけて、野球道、道を極めようとする。野球の出自はベースボールですが、日本に紹介されて野球道に変質していきます。そのために、ベースボールと野球とは違います。日本のスポーツは、総じて「道」にされがちで、こころから楽しめない、エンジョイできません。道を極めるですから、スポーツを娯楽とか遊戯とかは考えずに、どうしても心身の積極的な鍛錬の手段にしてしまう。ここに大きな問題が潜んでいると私は考えています。

それを「スポーツの体育化」と表現します。もともとスポーツというのは遊び（遊戯）から発生し、遊技の比較をして遊んで、それが組織的なスポーツになっていく発展過程があります。ですから、スポーツの元をたどれば、本来、遊びです。遊びなのですが、どうしても日本では、スポーツを教育的な意味での体育化し、スポーツを手段として使ってしまいます。

その他の例でも、幾つか体育を含む用語があります。日本体育（2018年4月日本スポーツ協会改称）、体育の日、国民体育大会、大学体育会と書かれていますが、いずれも別に体育という用語を使わなくてもよいものですが、体育という言葉を使ってスポーツ組織・集団やスポーツ活動などを表します。

日本体育協会には、かつてはオリンピックレベル、国民体育大会の組織などが全部入っていました。現在は、JOC（日本オリンピック委員会）は独立しましたが、国民体育大会は入っています。これらの用語をみると、完

全なスポーツ組織・集団、活動ですね。なぜスポーツではなく体育を使うのでしょうか。スポーツではなく体育という言葉を使うと、なんか価値が高い、良いことを行っているように見える。私たちの活動は決して遊びじゃなく、教育的に意味や価値があるように見せかけていると言った方が正確でしょうか。要するに、遊びじゃなく訓練（training）しているイメージを国民に植え付けているのだと思います。

　体育化されたスポーツが、全国へ流布・展開していって、儒教的な精神・鍛錬をつくりあげていくのですが、そこから生まれたのが根性論です。鍛錬とは、限界を超えるために異常なまでの努力に価値を置く考え方ですが、野球道もこういった鍛錬の形になってしまう。バレーボールもそうでした。昔はいろいろなスポーツや類似の場面で根性論が使われました。最近では比較的、根性論が唱えられなくなりましたが、今でも弱気でだらしがないと、「根性なし」と言われることがあります。

スポーツの価値とその本源

　スポーツにはもともと２つの価値があります。スポーツを行えば必ず達成される内在的（intrinsic）価値、そしてスポーツを行った結果に生じる外在的（extrinsic）価値です。前者が目的的であれば、他方、後者が手段的価値といえるものです。

　もともとスポーツの出自は、遊びですから、やりたいときにやって、やりたくなくなったときにはやめるという、自由こそが原則です。厳密に言うと、学校では純粋に遊びとしてのスポーツはできません。学校は様々に制限があります。始業時間が決まり、終わる時間も決まっています。あるいは、体育授業もそうです。スポーツがやりたいなと思ってみんなが集まってくる。

小学生くらいだと「もう時間だから終わり」っていうのでは、遊びが途中で終わりになるわけですから、スポーツ、遊びそのものが楽しめません。

学校ではその教育目的を達成するために、スポーツは外在的価値として手段や結果重視になる傾向があります。スポーツを行った結果、健康になるとか、体力がつくとか、名誉を得るとか、金銭が貰えます。体育も同じです。体育授業はスポーツ教材を使って学校教育の目標を達成しようとしていますから、スポーツの側から見ると、これは手段的で外在的価値を目指しています。スポーツは、内在的価値を重視し、外在的価値の位置づけを低くしておかないと、スポーツの本来の価値は失われ、誤った勝利至上主義になりがちです。勝つために、休みも取らずに、理不尽で、無意味な練習を続行することになってしまうのです。

しかし、真の意味での正しい勝利至上主義ならば、トレーニングを行うだけではなく、栄養をとって、休養もとらなくてはいけない。トレーニングには三原則があることは常識です。技能向上のためには、練習・運動したら、栄養をとって、休養をとらなければ効果はありません。

もちろんトップレベルのプロスポーツ選手は、ほぼ毎日練習しますが、彼らは練習をすれば、積極的に休みをとります。しかし、高校・中学校のトップレベルは、ほぼ一年中、休みなく練習していると聞きます。それは、トレーニングの原則に反していますので、意図的に技能低下させている、弱くなろうとしているとしか思えません。ですから、正しい意味での勝利至上主義ではなく、誤った勝利至上主義と申し上げているのです。

アツく、そしてクールであるべきスポーツ

先ほども話があったように、体罰というのは誤った形、スポーツや自己鍛

第4章　根絶すべき体罰問題　91

錬を正しく理解していないから行われる暴挙です。本来、体罰などをしなかったら才能ある選手がスポーツから退散しなかった可能性が高い。指導者は、正しく真の意味での勝利至上主義に従いましょうということです。スポーツは共通の課題の完成度を目指してお互いに勝敗を決めることですから、勝利を目指さないスポーツはありません。スポーツに競争は相応しくないという説もありますが、私は違います。スポーツは選手も指導者も、アツく、そしてクールに行われなければいけないと強調しておきます。スポーツそのものを楽しむ姿勢が重要なのです。あまり、スポーツから具体的な何か得ようとかではなくて、スポーツをやってよかったと思えるだけ。それだけでいいのです。スポーツに携わった幸せな時間だけで、それ以上のことを求めるから、いろいろ弊害、悪影響が生じると思います。

　話は少し古いですが、19世紀にイギリスのパブリックスクールでスポーツを導入する際に、サッカーなどは暴力的で危険だということで禁止（導入しない）するかどうかという議論がありました。しかし、ご承知のように、実際にはスポーツ教育が導入されました。暴力性を排除あるいは社会から閉じ込めて、禁止してしまうのではなく、逆転の発想をしたのです。つまり、暴力的なものを使って非暴力性を養い、教育に利用する（人間を飼い慣らす）ように考えたのです。暴力的だったスポーツに、ルールを整備して内面的な倫理観——ここでいう非暴力的態度を作り上げるかたちに作り替えていきました。スポーツは激しくても、ルールのもとで感情を抑制しなければならない。激しくかつ抑制というジレンマ状態に選手を追い込んでいく——アツくなっても相手を怪我させてはいけない、アツいだけではダメなことを学ぶのです。闘争と抑制というジレンマ状態にすることで、本来、暴力的な部分もコントロールできるようになります。スポーツを正しく理解していれば内面的な倫理観が涵養されるのに、意図的に道徳的にしようとするから弊害、悪影響が生じるのです。スポーツの中で、暴力性を抑制することで人格形

成に繋がる可能性があるのです。

　プロボクシング選手にマイク・タイソンがいました。覚えていらっしゃる人もいると思いますが、彼は、アツいだけになって、試合中に相手選手の耳を噛みちぎって失格しました。プロ野球の監督も、時にはカッとして、審判に暴力を振るったりする。彼らはスポーツ自体を放棄し、終了させてしまいます。ルール破りは失格となってスポーツから排除されます。よって、スポーツというのは、いくらアツくても、絶対にやってはいけないことがある。これこそが、冒頭に述べた、スポーツのルールを守るという「倫理なくして、スポーツなし」ということにつながります。

運動部顧問もアツく、そしてクールに

　続いて運動部顧問についてお話しします。運動部顧問にも同じようにスポーツ倫理がなくてはなりません。その理由は、顧問が強大な権限を持っていることが多いからです。強大な権限があることを認識して、無抵抗な立場の生徒や保護者に相対しています。殴った時に相手が殴り返してくるような関係性の下では絶対に殴りません。殴り返してこないことを前提に、弱い立場の生徒や保護者であると分かっていて、暴力をふるうことがある。

　学校長から指名されただけの顧問教員であっても、真のスポーツとは何かを理解して、スポーツが有する内在的価値を保証するような形で運動部活動に関与してほしいと思います。顧問教員も選手と同じように、暴力的、闘争的な状況の中で、しっかりと非暴力を維持し人間形成につなげていく。優秀な教員になるためには、運動部活動に限らず、生活指導などでも、カッときてもそれを抑える力が必要です。

指導技術に無頓着な日本

　日本のスポーツ指導は、極めて特殊で、ほかの欧米諸国とは明らかに違っています。日本では、指導技術について本当に無頓着です。その証として、例えば、日本のプロ野球の有名選手が力の衰えから引退すると、毎年のようにリーグ戦後の秋季キャンプから、すぐコーチになることがあります。また、大相撲の力士もそうです。力士の場合は、日本国籍、年寄株を取得していたりすると、引退後、翌日にでも指導者としての親方になります。

　これらの2つの例からわかるように、プレーヤー、力士としては一流でしょうが、指導者としては未経験の素人です。本来は、指導者は、プレイできる人であろうとそうでなくても、プレイ自体がわかった（身体でわかる、知的にわかる）上で、初めて他者に伝えることができるのです。自分の身体でできるだけでは自己感覚・知識です。これでは暗黙知（tacit knowledge）とか、個人技能のままです。自分だけがわかるのでは、他人がどのようになっているかはわかりません。他人がどうなっているかがわかるレベルが、顕在知（expricit knowledge）とか、形式知、技術といわれるものです。自分の身体でわかっているだけではなく、それを知的（言葉）でわかってないと教えられない、つまり他者に伝達できません。示範するから真似してやってみろとなってしまう。そうではなくて、できる（た）人が、わかり、教える能力を身に付ける場は教員養成大学だと思いますが、日本ではスポーツができれば教えられると、誤って考えられています。そのことが、日本の指導者の質が上がらない大きな原因となっています。

　日本ではスポーツが誰でも教えられると考えられています。ここに大きな問題点があります。教員は教員免許証をもち、採用試験に合格し、それぞれの学校に配属されます。赴任した学校には必ず課外活動として運動部が

あります。中体連、高体連などの大会に参加するには、顧問教員の付き添い、同行が不可欠ですから、ほとんどすべての教員が運動部顧問として配置されます。体育学部やスポーツ科学部を卒業した保健体育の教員であれば、スポーツ指導の経験はあるでしょうが、それ以外の大半の教員は、過去のスポーツ経験があればいいほうで、まったくスポーツと無縁の教員もいます。つまり、スポーツ指導の経験という点では、運動部顧問のほとんどはスポーツ指導の素人です。

　スポーツ経験がなくても、ほぼ教員全員に割り当てられます。一般的には自分で経験が無いことは教えられません。家庭科や音楽科の教員も割り当てられるわけですから大変です。中には、運動部顧問を任せられると、自分の授業の準備をほったらかして、運動部活動で頑張る先生もいます。この場合、スポーツ指導の経験、知識がないと、周りの先生を観察したり、野球部に所属した先生の中には、昔やられていたケツバット、千本ノックなど、根性ものの『巨人の星』の再現をしてしまうのです。

　ここでお願いしたいことは、学校教育の場で、体育授業以外でスポーツを教えるという運動部活動に教育的価値や意味を付与するのであれば、教員免許の教職科目の中で、運動部活動の科目、例えば、「運動部活動の指導と運営」といった科目を大学で教えてもらいたいのです。現状では学校教育の現場に出れば必ず運動部顧問を任されるわけですから、教職科目として、運動部活動についての基礎・基本を少しは学ぶ必要があります。私が中学で教わった顧問教員は、運動部活動中は水を飲むなと言っていました。今はそんな指導があるとは思いませんが、運動部活動に関わる内容を持つ教職科目として必修単位にしていただきたいと思います。スポーツ活動は命に関わります。

　中学校の現場にいた社会人大学院生の話によると、顧問になっても請求すれば実費程度のお金はでますが、超過勤務としてのお金はもらえませんし、

持ち出しになることの方が多くあると言っていました。私は、あんまりタダ（無料）というのもよくなくて、きちんと責任を持たせるのであれば超過賃金として支払うべきだと思います。専門性に対するペイですから、お金を受け取って当然だし、タダだといい加減になりがちです。

そして運動部活動には麻薬性がある点にも注意が必要です。これに取り憑かれると、家族までも犠牲にしてまで関与する人がでてきます。顧問教員にも当然休みがいります。運動部活動の麻薬性に取り憑かれている教員がいれば、学校長は、そこから更生するプログラムを導入することも必要かと思います。

スポーツは安全、安心に

桜宮高校の顧問教員による暴力事件では生徒が自殺しました。近代スポーツの現代までの変遷をたどると、スポーツは皆が安全に行えるようにルール変更し、安全対策もとってきたわけです。最近、行われていましたが、2014年のワールドカップアジア最終予選でも、試合中に給水タイムが設けられていました。各国の代表選手クラスに安全対策がとられていました。スポーツ愛好の人々は、プロとは鍛え方がちがうのですから、気温が30℃以上の真夏日になったらスポーツは控えるなり、中止したほうがいい。35℃以上の猛暑日で、冷房などの空調がない場所でスポーツを行えば、熱中症になったりします。ただ水を飲むだけではダメだと思います。快適な状況・環境で行うのがスポーツだと思います。武道の寒稽古は競技能力を高めるうえで本当に正しいトレーニングかは疑問です。競技能力を高めたいとは思っていないかもしれません。

夏場のスポーツ指導にはラジオや温度計を携帯するのは常識です。大阪

のサッカー連盟の事故（大阪府高槻市で1996年8月、サッカー大会の試合中に落雷に遭って選手が障害を負った）がありますが、雷雨中の活動、熱中症など、危ないことをやってはいけないわけです。安全への配慮が不可欠で、活動中に死を迎えるようなことがあってはならない。体罰が理由での自死など論外で言葉にもなりません。

体罰は劇薬で使い方によっては効果があるようにみえるかもしれませんが、方法としては禁じ手です。感情はエスカレートしていきます。体罰、暴行は行わないと決断するしかありません。最初の体罰（暴行）は、怖くて変な意味で、勇気が必要だったかもしれないですが、1回叩いて効果があって、生徒がシーンとなると凄く高揚した気分になるようです。しかし、次の機会に、1回叩いても効果がないと、2回、3回と多く叩かないと効果がなくなってしまうのです。こうしてエスカレートしていき、何十回（発）も殴るようなことになってしまうのです。体罰（暴力）そのものがエスカレートするので、危険きわまりないのです。

さらには、「学校教育法第11条」（学生、生徒、児童の懲戒：校長及び教員は、教育上必要があると認めるときは監督庁（文部科学大臣）の定めるところにより、学生、生徒、及び児童に懲戒を加えることができる。ただし体罰を加えることはできない）の懲戒権についてです。これは校長、教員にあてはまるもので、学校の外部指導者や職員をはじめ、民間スポーツクラブのコーチなどに懲戒権はありません。仮に選手に対して暴行して怪我を負わせば、刑法第204条（傷害）が適用され、傷害罪が課せられます。

先日も元Jリーガーで懲役1年6か月の求刑が岐阜地裁でありました（平成25年6月28日に1年6ヶ月執行猶予3年の判決が出されました）。西脇被告が中学2年の選手の臀部を蹴ったところ、それをかばった選手の腕が折れ3ヶ月の重傷という事件です。西脇被告は、公判において、何年もそういう体罰的指導を繰り返していたと証言しています。

西脇被告の場合、傷害罪が適用されています。同じスポーツ指導であっても、学校と社会では扱いが異なることを理解しておく必要があります。同じ場の指導者であっても、教職にあてはまらない人は、法的扱いが違うということを覚えておいてください。

学校における生徒と先生の関係性は、対称ではなく完全に非対称です。そのような状況で体罰が起こる。そして体罰は、ハラスメントと同じで受ける側の捉え方によって変わってくる。そこが考えどころだと思います。私の考えでは、生徒が受け取る体罰と指導の違いの1つは、生徒の目標達成度による違いです。つまり、顧問に殴られて競技成績も悪ければ、こんなのは暴力だとなりますし、逆に、目標としていた県大会に優勝して、全国大会に出たりすると、叩かれて痛かったけど、良い指導者だったとなります。よって、顧問が暴力を振るっても、生徒が指導だと思い込んだりして、公にならない場合も多くあると思います。ここには重大な問題が潜んでいますし、体罰が再生産されてきた理由がそこにありそうです。

また、最近では、顧問教員と外部コーチの2人指導体制のところも増えてきました。しかし、この体制も難しいところです。全くの素人（教員）と専門的な指導のできる外部コーチとの間で、その関係性をめぐって軋轢も生じます。仮に教員と外部コーチとの指導観が異なると、生徒はどちらに従うべきか戸惑います。こうした外部コーチの導入に関わる問題は、今後の大きな課題になってくると思います。

練習は嘘をつかないか？

「練習は嘘をつかない」といろいろな人が日本では言いますが、私はそうとは思いません。練習したってダメなものはダメです。きちんとトレーニング

理論に基づかない練習は意味がありません。日進月歩のスポーツ科学の知識を得る努力が必要です。練習は嘘をつかないのではなくて、休まないと金属疲労のようになって、いつかは壊れてしまう。疲労骨折などは典型的な症状で、練習のしすぎです。

ヨーロッパのサッカークラブではユースレベルの選手の練習量を落とすのは当たり前です。ユースでは試合を週2回くらい行いますが、日本だと試合で課題が見つかったからと言って、試合後にガンガン練習する。そうすると選手には疲労が蓄積して結果的に、大きな怪我につながる。「練習は嘘をつかない」は間違いです。よって、ヨーロッパのサッカークラブではユース時代に重大な怪我をさせないで、トップチームに入った時に、活躍できる選手を育てている。だからこそ、意図的にユースレベルで練習量を落としている。それに引き替え、例えば、日本では高校サッカー選手権などで成果をあげなくてはならないと、ガンガン追い込んでしまう。だから重大な怪我をしたり、バーンアウトしてしまう選手も出てくるのです。これは指導者の資質の問題です。

運動部活動の原点とは

運動部活動の原点は子ども第一。学習指導要領にもそのように書いてあるのだから、その通りにやればいいのです。もともと学校教育の枠組みの中でやっているのだから、運動部活動は教育的です。それを前面に出せば良いのです。もっと気楽にスポーツを楽しみ、遠足の前日のように、試合の前日に、ドキドキして眠れないような形に持っていく。そうすれば、眠れなくても明日の試合のために早く横になろうとか、悪いことをしたら試合に出られないから行動に気をつけようとか、きちんと食事をしないとスポーツするた

めの身体がつくれないから朝食をとろうといったように、自分自身でスポーツ志向になります。スポーツを楽しみにすれば、自然に内発的動機に基づく望ましい倫理観は養われていきます。

逆に、顧問教員から強制的に押し付けられた倫理観では、なかなか身につきません。ですから、顧問教員は、1歩下がって見る、少し待ってみるということが大事です。何から何まですべて顧問教員が教え込んでしまうから、生徒が考えなくなるのです。自分自身で考えること、それがとても大切です。スポーツは勝っても負けても意味があります。必死に歯を食いしばってやらなくても、負けた時も笑っているくらいでいいのです。日本人は、そのくらいゆとりを持ってスポーツと関わってほしい。

しかし、いい加減にだらしなく、負けてもどうでもいいやとなると、スポーツは怪我するリスクが高まるので、真剣に遊んで、試合が終わったら、「ありがとう。さようなら」と挨拶する。そのくらいでいいのです。スポーツは、try to win がとても重要。結果としての勝敗よりも、プロセスとしての勝とうとすることが最も重要です。

運動部活動を生徒に戻すための方法を1つ提案します。実現は難しそうですが、「監督やコーチは試合中、ベンチ入りを禁止する」案です。そうなると、原則、先発メンバーから選手交代まで全部生徒が行うことになり、監督やコーチは観客席で見ています。今でもラグビー競技はそうした形をとり、ハーフタイムに指示を出すだけです。このような形でしか監督やコーチが試合に関わらないと、選手に考える力をつけることができます。監督やコーチのコマ（駒）になってはダメなんです。スポーツは自分の意思、判断でやるものだから、好きにやればいい。負けたら負けたで、自分でこの次はどうすればいいかを考えるのです。自分で考えればいい。そこに意味がある。負けた勝ったという結果よりも、試合中に自分自身で考えたり、試合結果を踏まえて自分で考えることに意味がある。スポーツは1回性で厳密な意味で

の再現性はありません。創造的でないとできないので、指示待ち人間では本当はスポーツに関われません。自分自身で考え、それをプレイに反映させる創造的で、貴重な機会を、指導者が取り上げてしまわないようにしなくてはいけないと私は思います。

　要するに、学校の運動部活動ですから、指導者ができる限り前面に出ないことです。練習も、科学的なデータに基づいて行い、決して練習のための練習ではなく、試合（ゲーム）のための練習をします。次の試合に勝つために必要なことだけを行えば、練習時間も短くて済む。試合場面を考えて練習を組み立て、試合中は勝ち負けよりも楽しむこと、これが大原則です。

　私のスポーツ倫理学の先生であるフレイリー先生とよく一緒にゴルフをしました、いつもワーレン（指導教員でもファーストネームで呼び合います。日本ではとても言えませんが）は、「今日は楽しかった？」と聞くだけです。しかし、日本ではほとんどの人が「今日のスコアはいくつだった？」と聞きます。スポーツを考え出した国の人は、スポーツが楽しくできたかどうかを問いますが、日本人はそうではありません。こうしてみると、日本人はつくづくスポーツを楽しむことが苦手なんだと思います。

　時間が来ました。このあたりで私の話は終わりにします。ご静聴、ありがとうございました。

　本稿は、2013年6月16日に開催された、兵庫教育大学主催の「いじめと体罰を考えるリレーシンポジウム」の第2部：スポーツ指導と体罰〜こどもに意味あるスポーツ体験を保証するために〜の基調講演「スポーツ指導と体罰〜倫理なくしてスポーツなし」を加筆修正した。出典：冨永良喜・森田啓之編著(2014)「いじめ」と「体罰」その現状と対応、金子書房

なぜ部活動の体罰・暴力が
表面化しないのか

2012年12月に起こった、大阪市立桜宮高校におけるバスケットボール部員の自死問題以降、運動部活動における体罰に関する数多くの調査結果が公表されています。

例えば、朝日新聞の2013年5月12日に掲載された「体罰運動部6割容認」と題する調査結果には、これまで暗黙の内に部活動において体罰が行われてきた実態が明らかにされています。

私個人としても、25年間勤務していた前職場のT大学における授業のテーマ「運動部活動の体罰・暴力問題」の中で、毎年、学生たちにその生の声を聞いてきました。彼ら、彼女らが語る中学校、高等学校の運動部活動における体罰は、年を追う毎に、徐々に減少していた印象はあります。しかし、ほぼ過半数を超える学生が体罰体験を赤裸々に暴露、告白していたことから判断して、長年にわたり、運動部活動における体罰は明らかに存在し続けていました。

教職に関わる者であれば、学校教育法第11条を知らない人はいません。しかし、本村が言うように、「体罰は法的に禁じられていることは自明のことである一方で、体罰を一部とは言え、その有り様によっては、肯定する見方や考え方があることについて、どのように考えればよいか」(本村、3頁)という指摘は重要で、現状を精緻に分析する必要があります。体罰は、法的に禁止されているのですから、本来、良い悪いかという是非論はありません。体罰は行ってはいけない行為です。

しかしながら、各種の調査報告や後述するC大学の調査結果を見ると、「条件付きながらも必要」としている現状は否定できません。条件付きで体

罰を肯定する風土、文化性があるからこそ、次に示す文科省の「体罰の実態把握」をどのように評価すべきかが問われます。すなわち、この調査結果の報告をみると、現状では、体罰・暴力を表面化させない幾つかの要因がありそうです。それらの要因への対応を怠ると、当然ながら、運動部活動の体罰・暴力を根絶できないでしょうし、別の見方からすれば、運動部活動の体罰・暴力が地下に潜伏してしまうことになります。

２つの文科省発表の「体罰の実態把握について」

この項で注目するのは文科省が発表した２つの調査結果の報告です。１つは、平成25年４月26日に出された「第一次報告」、もう１つは、同年８月９日に出された「第二次報告」です。これらの文科省の調査は、「児童生徒に対する体罰の実態を把握し、体罰禁止の徹底を図るため」に、教育委員会に対して依頼したものです。その対象は、国公私立の小学校、中学校、高等学校（通信制を除く）、中等教育学校、特別支援学校、高等専門学校です。報告項目は、「平成24年度に発生した体罰の状況」です。前者は、第一次報告として、平成24年４月から平成25年１月までの10ヶ月間に発生したものの集計で、後者が平成24年度中に発生した体罰の状況です。前者は後者に含まれています。この中から、公立学校に限った調査結果を概観していきます。

①第一次報告（平成24年４月〜平成25年１月間における体罰の状況）（公立）[注1]

ここでは主に運動部活動が行われている中学校と高等学校だけを取り上げます。

中学校での発生学校数は374件、発生件数は416件、部活動中が137

第4章　根絶すべき体罰問題　103

件（対場面比、32.9％）です。高等学校での発生学校数は 186 件、発生件数は 220 件、部活動中が 94 件（対場面比、42.7％）となっています。体罰が行われた場面は、授業中、放課後、休み時間、部活動、学校行事、ホームルームに分類されていますが、その中で「部活動」はおよそ4割を占めています。

　②第二次報告（平成 24 年度に発生した体罰の状況）（公立）[注2]

　第二次報告では、国立私立も含めて報告されていますが、第一次報告と対比するために、第一次報告と同じく公立の中学校と高等学校の部分だけを取り上げます。

　中学校での発生学校数は 1605 件（対第一次報告比、4.3 倍）、発生件数は 2552 件（対同、6.1 倍）、部活動中が 1073 件（対同 7.8 倍、対場面比 38.3％）です。高等学校での発生学校数は 805 件（対第一次報告比、4.3 倍）、発生件数は 1297 件（対同、5.9 倍）、部活動中が 948 件（対同 10.1 倍、対場面比 41.7％）となっています。体罰が行われた場面は、第一次報告と同じく部活動はおよそ4割前後で最も多くなっています。

　③2つの報告をどのように見るか

　この2つの報告をどのように理解したらよいのでしょうか。一目瞭然、第一次報告は、平成 24 年 4 月から平成 25 年 1 月までの 10 ヶ月間の報告であり、第2次報告は、平成 24 年度の1年間の報告です。平成 25 年 2 月、3 月の 2 ヶ月間で、体罰が急増したとは考えられません。中学校も高等学校も、ほぼ発生学校数が4倍以上、発生件数は6倍以上となっています。

　急増した理由を探るヒントは、第二次報告書の「4. 留意事項」にあります。そこには、次のように記されています。つまり、第一次報告はあくまでも暫定的な結果での報告であり、「児童生徒や保護者への調査など、正確な実態把握のために各地域で手法を工夫して行った調査の結果、新たに把握された事案についても、この第二次報告で集計している」と、わざわざ

下線が引いてあります。要するに、第一次報告は、正確な実態把握ではなかったことが示されています。さらには、「各地域で手法を工夫して行った調査の結果」ということは、調査の方法が地域によって異なることも示しています。よって、統一した方法による全国調査ではないので、必ずしも「体罰の実態把握」となっていない可能性があります。文科省の全国調査であっても、体罰の実態の全貌は明らかとは言えません。

C 大学スポーツ科学部における調査と結果

C 大学スポーツ科学部においては、平成 25 年 4 月に「高等学校の運動部活動における体罰・暴力に関する調査」(注3) を実施しました。

①調査の概要は、以下の通りです。調査日：平成 25 年 4 月 15 日、対象者：C 大学学生 564 名（85％が 1 年生）、回答者の競技は、個人競技（28％）、対人競技（12％）、集団競技（58％）、回答者の男女比は、男子（70％）、女子（30％）でした。

また、競技レベル：世界（2％）、全国（46％）、都道府県（44％）、市町村（6％）で、スポーツ科学部という学部の特性上、競技レベルが高い学生です。今回の体罰・暴力調査の対象は、高校時代に限定してあります。高校時代の指導者ですが、保健体育教員（41％）、他教員（13％）、職員・外部指導者（31％）、地域・保護者（2％）となっています。

高校時代に自分自身が体罰を受けた経験がある学生は、564 名中、100 名が体罰経験がある（18％）と答えました。体罰を行った指導者の性別は、男性（88％）、女性（5％）、男女とも（6％）でした。

②主な調査結果について

この調査からは、2 つの点について分析してみます。

第４章　根絶すべき体罰問題　105

1つは、体罰を受けていた学生が、体罰・暴力を与えた指導者（含先輩）に対してどのような気持ちを抱いているかについて、もう1つは、いま大学生になって、運動部活動、競技活動の指導で、体罰・暴力は必要と考えているかどうかについてです。

学生へのアンケートの問いと回答

体罰・暴力を与えた指導者（先輩ら）に対して、その時、どのような気持ちを持ちましたか？

選択肢		回答数	比率（%）
1	尊敬していた	36	35.3
2	軽蔑していた	12	11.8
3	体罰ではなく言葉で言えば理解できた	15	14.7
4	何とも思わなかった	27	26.5
5	その他	10	9.8
	複数選択	2	2.0
		102	100

いま現在、あなたは、運動部活動、競技活動の指導において、体罰・暴力は必要と思いますか？

選択肢		回答数	比率（%）
1	不必要である	267	47.3
2	時には（一定の条件で）必要である	249	44.1
3	必要である	7	1.2
4	その他	2	0.4
	複数選択	1	0.2
	無回答	38	6.7
		564	100

a）体罰・暴力を与えた指導者（先輩など）に対する気持ち

体罰や暴力をした指導者、先輩らに対して、気持ちを聞いた質問です。複数回答した学生は2名いましたが、最も多い回答は、「尊敬していた」で35％、次が「何とも思わない」が26％でした。「軽蔑していた」「言葉で言ってくれれば」という回答もありましたが、合わせても25％ほどです。

「尊敬していた」という回答が最も多いところに注目です。顧問教員や指導者が、体罰をしても生徒や選手が納得・理解してくれるだろうという「思い込み」や「体罰の成功体験」に繋がっていることを伺わせます。このような体罰を受けた側の感情、気持ちが体罰を正当化させ、表面化しない

温床になっていることがこのデータからわかります。運動部活動において叩かれたり、蹴られたりといった暴力が表面化しないのは、体罰・暴力ではなく「指導」と認識している可能性も示唆されます。

b）高等学校の運動部活動において体罰・暴力は必要か

高等学校の運動部活動や競技活動において体罰・暴力は必要であるか、という問いに対して、「体罰・暴力が不必要」と回答した学生が267名（47％）、「条件付き」と「条件なしで体罰・暴力」が必要と回答した学生が256名（45％）と、両者がほぼ拮抗している点に注視すべきです。C大学スポーツ科学部では、ほぼ7割ぐらいは、保健体育科の教員免許を取得して卒業していきます。この調査は大学に入ったばかりの1年生に主に行われましたが、この段階で、「時と場合など、一定の条件がそろえば体罰・暴力を認める」という考え方を半数が持っていることは重大です。こうした考え方を根本から改めないと体罰や暴力が体育・スポーツ界から根絶されることはありません。

c）自由記述の抜粋

以下に、運動部活動における体罰についての意見を紹介します。

・強くするために多少の体罰は必要だと思う。スポーツをするにあたって少しの体罰も耐えられないようでは絶対に強くなれないと思う。運動程度のスポーツなら体罰は必要ないとは思うけど、勝つためのスポーツなら多少は我慢するべきだと思う。

・強くなりたいと思う以上、時には体罰も必要であると考えているので、体罰が全くないというのは、全国レベルの部活動にはあまりないと思う。

・過度な暴力はだめだと思うが、ビンタの一発や二発あるのはあたりまえだと思う。最近の親がただ自分達の子どもへの教育があまいだけだと思う。

・体罰はあってはならないものだと思うけど、それを体罰ととるかどうかは、生徒と指導者との間の信頼関係にも関わってくると思います。自分的には、勝つためにその先生のもとでやる！と決めてそこでやっていたのでがんばってこれました。

・指導に暴力が必要という人は言葉に自信がない、もしくは自分を抑えられない弱い人間のすることであると思う。部活などの子供が対象である場合では大人の力というのは強く心に残るものであり、簡単にやめられない状況にいる子供たちは逃げ場のない生活を過ごすことになってしまう。

　5つの意見の内、最初の4名のものは、「理不尽なことを受け入れて強くなる文化」（藤井、145-146頁）とも言える意見です。厳しい指導に体罰、暴力も含まれていることを了解しているかのような誤りがあります。なぜ、このような誤ったエートス（複合的価値体系）ができあがってしまったのでしょうか。

　自由記述の最後の学生の意見だけが、体罰反対の意見です。前述しましたが、C大学スポーツ科学部は、1学年500名弱定員です。そのうちの7割程度は保健体育科の教員免許状を取得していきます。教員希望の1年生が多く含まれている体罰調査において、「体罰が不必要」と「条件付き必要」という意見が拮抗している状況はとても深刻です。冒頭の朝日新聞の調査結果「体罰運動部員6割容認」や毎日新聞の世論調査（2013年2月4日）などを見ても、これはC大学に入学した特定の学生だけが持っている考え方とは思えません。運動部活動やスポーツの指導者は、すべてが保健体育の免許をもっているわけではありませんが、一般的に言われる「体罰の負の連鎖、再生産」を防止するには、私たち、体育、スポーツ関係者が本気に立ち向かわないと体罰の根絶は難しいと思います。

　文科省の調査やC大学での調査から、体罰の実態が数値としてその全貌が明らかになっているとは言えません。現状においては、運動部活動における顧問教員による体罰・暴力が社会問題として表面化してこない背景や要因があると推察されます。

　では、なぜ、運動部活動における体罰・暴力が表面化してこないのか、その背景や要因を考えてみます。

体罰が表面化しにくい幾つかの背景・要因

①体罰者を告発させにくい学校

　最近は、少子化に伴う、特色ある学校づくりを行い、中には、運動部活動を特色、売りにする学校もあります。中には、甲子園の野球選手権大会に出場するまでは野球部を強化しますが、本大会に出場して全国的に名前が売れた後は、大学への進学校に変身した高校がありました。全国的に有名になるには、やはりメディアが注目するように、勝つこと、成果を上げることです。メディアが注目する運動部には、学校経営者、校長、教頭、教員、生徒、保護者、卒業生、そして地域からの過剰な期待がかかります。甲子園に出場する高校野球部などはその典型で、本大会は、全国放送で公共放送の NHK が中継します。

　NHK の中継を見ていると、時には監督が、選手をあたかも将棋の駒のように管理、運営している場面がみられます。一球、一球、キャッチャーに配球のサインを出す監督もいます。そこには、監督には絶対逆らえない服従関係が伺えます。

　運動部の顧問教員は強大な権力を持っています。時には、クラス担任、教科担任、顧問の 3 つが重なります。教員と生徒は、完全非対称性であって、生徒は弱い立場にあり、教師と対等ではありません。そうした関係性の中の、抵抗できない状況下において、顧問教員らが、教育上必要と認めて、体罰を行っている可能性があります。学校組織は、運営上、個々の生徒が教員を選択できる状況にはありません。高校教員の権限には調査書の記載、中学生へのスポーツ・リクルートの呼びかけ、大学へのスポーツ推薦の権限もあります。

仮に、体罰や暴力を告発するとどうなるでしょうか。内部告発によって、おそらく告発者側が、学校内の村八分になり、運動部を辞めたり、時には、退学することになります。なぜなら、顧問教員の体罰を告発すると、顧問教員が処罰され、それに連動して運動部活動が自粛となったり、活動停止になります。そうなれば、活動を求める他の部員から逆恨みされる可能性があります。内部告発者に対して「体罰が嫌なら、部を辞めればいい」と他の部員が言うこともあります。本来的に、告発者が悪いのではなく、体罰や暴力を振るった指導者が悪いのです。スポーツ活動を学校の特色にしている場合は、特に体罰が表面に出にくい状況になっています。

②法的に保証された懲戒権

　顧問教員は、学校教育法第 11 条に従って、学生、生徒、児童の教育にあたっています。この法律は、体罰を禁じる法律です。すなわち、「学生、生徒、児童の懲戒：校長及び教員は、教育上必要があると認めるときは監督庁（文部科学大臣）の定めるところにより、学生、生徒、及び児童に懲戒を加えることができる。ただし体罰を加えることはできない」とあります。重要なのは、顧問教員が、「教育上必要があると認めるとき」は、懲戒内の指導という名の（体罰的）指導が行われる場合があることです。文科省の通達によると、一応の体罰行為の例が明示されていますが、教育現場では、指導と体罰・暴行との境界が曖昧であり、言わば、グレーゾーンになっていましたし、現在も明確とは言えません[注4]。

　当然、学校教育法第 11 条に違反し、体罰を行った教員は処罰されます。文科省の発表では、ほぼ毎年 400 名が処分されています。この処分の軽重について、最近の事例では、桜宮高校の元教諭が懲戒免職となった事例が最高罰（行政罰）で、彼には平成 25 年 9 月 26 日に懲役 1 年執行猶予 3 年の判決が出されました。しかし、大半は訓告など口頭で注意を受ける程

度のものです。

　この日本全国で400名の処分数がいかに少ないかは、先のC大学での調査から明らかです（ただし、先の文科省の第二次調査では、5,415件のすべてが、懲戒処分等を行ったか、現在、検討中となっている）。回答した学生564名中100名が高等学校における運動部活動で体罰を受けたと回答しています。1つの大学の1つの学部で行った調査で100名もの体罰体験者がいるのですから、体罰の実態は正確に把握されていないのが現状でしょう。

　また、今回の調査に回答した学生の約半数が、体罰が一定の条件付きで必要で（45％）、不必要とする回答（47％）と拮抗している点も注目されます。体罰の必要性を唱える学生が半数近くいる以上、体罰がいかに学校現場に浸透しているかを示しているだけではなく、実際に体罰が発生しても、それを告発できない、告発しないような学校の雰囲気・環境がありそうです。

　体罰を受けた生徒自身が顧問教員の体罰を指導と受け入れている実態について考えてみると、各種ハラスメントと同じで、体罰は受ける側の捉え方によって変わります。私の考えでは、生徒が考える体罰と指導の違いの1つは、生徒の目標達成度による違いです。つまり、顧問教員に殴られて競技実績も悪ければ体罰・暴力となりますし、逆に、目標としていた大会に優勝したり、全国大会に出たりすると、良い指導者になります。よって、顧問教員が体罰・暴力を振るっても、生徒が指導だと思い込んだりして、公にならない場合が相当数あります。我慢して従うことで大学進学に有利になれば、生徒にとって十分に「耐える動機」になります。

　確かに、藤井が指摘するように、「教員の人格、あるいはその教員と過ごした青春の日々、あるいは自分が所属・帰属した共同体を傷つけられたくないという意識が強く働いていた」（藤井、47-48頁）と告白する学生がいたことも確かです。指導という名の体罰（懲戒）には重大な問題が潜んでいますし、体罰・暴力が長年にわたり再生産され続けてきた理由もここにあります。

③指導方法としての「ダブルバインド」

　日本ではスポーツは誰でも教えられると考えられています。ここに大きな問題点があります。教員は教員免許証をもち、採用試験に合格し、それぞれの学校に配属されます。赴任した学校には必ず課外活動として運動部があります。中体連、高体連などの大会に参加するには、顧問教員の付き添い、同行が不可欠ですから、ほとんどすべての教員が運動部顧問として配置されます。体育学部やスポーツ科学部を卒業した保健体育の教員であれば、少しはスポーツ指導の経験はあるでしょうが、それ以外の大半はスポーツと無縁の教員もいます。つまり、スポーツ指導の経験という点では、運動部顧問のほとんどはスポーツ指導の素人です。しかし、現状では、スポーツ経験がなくても、管理職以外の教員全員に顧問が割り当てられます。

　一般的には自分で経験が無いことは教えられませんが、顧問を命じられた教員は、他の周りの先生のやり方を観察したり、真似をします。野球部に配属された先生の中には、自分が野球部だったころを思い出し、ケツバット、千本ノックなど、スポーツ根性ものを再現してしまうこともあります。また、指導方法がよくわかっていないので、生徒からの質問には答えません。というより、答えられないという方が正直なところです。しかし、それでは教員としての沽券に関わるために、強権を発動して権威付けを行います。その1つの方法が、「ダブルバインド状態に追い込む」方法です。この方法を用いて、支配―被支配関係を作り上げ、時には体罰も使います。

　ダブルバインド（二重拘束）とは、グレゴリー・ベイトソンが唱えた説で心理的な拘束を伴うジレンマのことを言います。事典によると、「受け入れ可能な前提から、適切な推論により、受け入れ不能な結論が導き出される議論の形態をとる」（『現代倫理学事典』902頁）と説明されています。例えば、教師や親が、生徒や子どもに「自立しなさい」と命令する場合、命令に服従することは「自立」に反するため、命令に従うことも反すること

もできなくなります（同、907頁）。

内田樹は、このダブルバインド状態をスポーツ場面に適用して、次のように説明します。

試合に負けた時に指導者が敗因の理由を選手に聞く場面です。「誤った理由であれば敗因が分かっていないから叱られ、正しい理由であれば、敗因が分かっていながらそれに対応できなかったと叱られる。つまり、どんな理由をあげても指導者から罰せられる状態に追い詰めている。結局、選手らは、何を答えても叱責されるのを知っているので、だまって沈黙を守るしかない。管理者が支配する方法として、この 『ダブルバインド』状態が効果的であることを権力者は熟知している。」（甲野・内田、77-78頁）

内田が指摘するように、「ダブルバインド状態」にした運動部活動によって、指導者の体罰を選手に沈黙させます。その状況は閉じられた社会のために体罰が告発されない一因になっています。支配と被支配という関係性では豊かな運動部活動の価値が実現できるとは思われません。

④専門的指導技術への認識不足

スポーツは、技術の練習によって技能化され、「できる」ようになります。しかし、それを「伝える、教える」ことはそれほど簡単ではありません。名選手であれば誰でも名コーチや名監督になれるわけではないことは周知の事実で、「できる」と「伝える」は異なる技術です。

ところが、日本においては指導技術については本当に無頓着でした。最近では指導者資格を有する監督、コーチが指導を行うようになって、指導には専門的な技術が必要と徐々に認められつつあります。しかし、今でも日本のプロ野球や大相撲界では引退するとすぐにコーチになったり親方になったりします。昨年のレギュラーシーズンで引退した野球選手がすぐにコーチに就任と報道されています。未だにプレイできれば教えられると考えているか、

人気だった選手をチームに引き留めてコーチ見習いをさせようとしています。

スポーツの世界も家内工業的に1人で何役もこなせるような時代は過ぎました。監督、コーチ、トレーナーなど、それぞれの専門性が高まり、多くの知識、経験が必要となっています。選手（プレーヤー）が即座に監督・コーチ（指導者）に転身できるわけがありません。

他者に何かを伝えるには、伝える人（指導者）が自身の経験を客観的に言語化できることを前提ですが、それを支えるスポーツ科学の基礎知識や一般教養が必須です。一般的な指導原則だけを取りあげても、個別性、適時性、難易性、単複性などがあります。

概説すると、個別性の原理とは、生徒や選手の1人ひとりの個性、生育・生活環境、競技能力などの違いを重視して指導するという、当たり前の原理です。また、適時性の原理は、発育発達曲線が示すように、運動学習・修得に最も適した時期がありそれに従って指導するという意味です。つまり、感覚系の運動と筋肉系の運動はどの発育発達段階で学ぶことが望ましいかが科学的に明らかですから、この原則に従って活動内容・方法を選択していくことになります。

また、ある技術を学ぶ際に難易性や単複性の原則も重要です。やさしい技術から難しい技術へ、単純な技術から複雑な技術へというごく常識的な原則ですが、特に熟練した名選手となると、こんな常識的な原則にも気がつかない場合があります。自身では簡単に技術修得ができてしまい、なぜ「つまづいているか」の原因が分からないのです。

たとえば、少年サッカーの大学生コーチが小学生を教えている場面を観察していると、指導の諸原則を知らない場面をよくみかけます。大学生コーチは、ほどほどサッカーがプレイできるのですが、教える内容や方法は、高校や大学サッカー部の練習が展開されています。結局は、自分でプレイできる競技であっても、専門的な教育学・教授学などを学ばないと、自分の学

んできた経験の域を出ない教え方になります。

　指導者からの指示（命令）で練習していた選手時代とは、見ている方向が逆方向です。生徒・選手の側から指導者を見るのか、逆に指導者から生徒・選手を見るとでは全く方向が違います。方向が違うが故に、専門的に学ぶ必要があります。

　日本における専門的指導技術への認識不足を改めなければなりません。プレイできても教えられないが故に、専門的に指導技術を学ぶことが常識になってほしいと思います。

⑤伝統的指導者養成の方法（徒弟制度）

　さらに、日本では、武道の世界や伝統技法の指導の仕方は、徒弟制度に基づいています。そこでは年季奉公や丁稚奉公が後継者の養成方法として採用されてきました。例えば、口伝とは、師が、学問や技芸の奥義などを弟子に口で伝えて教え授けることであり、他にも、口授（くじゅ）とは、直接に口頭で教え授けることです。自分自身の技を安易に一般化させないために、口訣（くけつ）、つまり、文章に記さないで、口で直接言い伝える奥義・秘伝という伝承があります。そうした伝統的な後継者を育てる方法が、先にあげたプロ野球の選手からコーチ、大相撲の力士から親方という変わり身の早さに通じています。翌日に指導者になっても、それは指導者としての就任ではなく、コーチ見習い、親方見習いとして、他の先輩コーチや先輩親方の元に、弟子入りするのです。弟子入りし年月をかけ、一人前のコーチや親方になることが、日本のスポーツの世界では了解されています。

　前の④でも指摘しましたが、専門的な指導技術は技術化されているのではなく、匠の技、技能のレベルに留まっています。個人の技能を技術化、一般化していかないと、いつまでも体罰、暴力を含む指導方法が再生産されていく可能性は否定できません。

体罰・暴力の連鎖・再生産を防ぐには
～生徒第一、支援者としての顧問教員～

　これまで、文科省の「体罰の実態把握について」の第一次報告と第二次報告、そしてC大学での調査結果を手がかりにして、「なぜ、日本のスポーツ指導において体罰・暴力が引き起こされ続けているのか」について、その背景や要因を5つ挙げてきました。

　学校における運動部活動は、基本的に教育目的の達成にどのように寄与すべきかが問われます。具体的には、どのような生徒を育てるべきかが重要です。それは言うまでもなく、主体的に物事が判断できる自立・自律した人間を育てることです。

　脳科学者の山鳥重によると、人が「わかる」ためには基礎知識が必要で、その知識が網の目のような関係性や、網の目が細かくなればなるほど、物事の判断も細かくなるそうです。誰もが長い時間をかけて知識の網の目をつくりあげ、精緻な網を作るにはそれだけの勉強が必要で、個々の知識を基礎にして網をつくっていきます。そして、本当の意味でのわかる・わからないを区別する能力は、人から与えられるものではなく、自分から自発的にわからないことを明確にして、自分で解決していかない限り、自分の能力になりません。運動部活動において顧問教員に過度に依存していたり、指示待ち人間では、運動部活動が目指す、自立・自律した生徒の涵養には繋がりません。

　顧問教員はコーチ役です。コーチとは何らかの目的をもった人をその目的地まで確実に運ぶ役割を担っています。日本のコーチは、一般的に、勝利を達成するための「精神的、技術的指導の任にあたる専門家」と認識されているようですが、本来は、目標達成のための意欲や自立・自律するために支援する専門家のことです。顧問教員は、支援者としての役割を認識し、生徒の自立・自律を助けることに専念すべきです。支援者であることを自

覚すれば、指導場面での体罰、暴力などを法的に規制しなくても、やがて過去の指導方法として無くなるはずです。運動部活動では生徒第一にし、顧問教員は支援者としての責務を果たすという原則に立ち返ることが、運動部活動における体罰、暴力の根絶に繋がる1つの方途だと思います。

　本稿は、富永良喜・森田啓之（2014）「いじめ」と「体罰」その現状と対応：金子書房の第9章：なぜ部活動の体罰・暴力が表面化しないのかを加筆修正した。

注1）文部科学省：体罰の実態把握について（第1次報告）
　　　（http://www.mext.go.jp/a_menu/shotou/seitoshidou/
　　　__icsFiles/afieldfile/2013/04/26/1334243_01_1_1.pdf）（2011001））
注2）文部科学省：体罰の実態把握について（第2次報告）
　　　（http://www.mext.go.jp/a_menu/shotou/seitoshidou/
　　　__icsFiles/afieldfile/2013/08/09/1338569_01_2_1.pdf）（20131001）
注3）この調査は、毎年4月に実施され、その変化を観察している。
注4）文部科学省は、平成25年3月13日（24文科初事1269号）に「体罰の禁止及び児童生徒理解に基づく指導の徹底に（通知）」と「別紙：学校教育法第11条に規定する児童生徒の懲戒・体罰等に関する参考事例」を出している。

【引用・参考文献】
○阿部泰尚（2013）『いじめと探偵』幻冬舎新書
○藤井誠二（2013）『体罰はなぜなくならないのか』幻冬舎新書
○近藤良享（2012）『スポーツ倫理』不昧堂出版
○近藤良享「愛は暴力を超えられるか〜運動部活動における体罰を倫理する」友添秀則・近藤良享（2000）『スポーツ倫理を問う』大修館書店、129-132頁
○甲野善紀・内田樹（2010）『身体を通して時代を読む』文春文庫
○松原隆一郎（2013）『武道は教育でありうるか』イースト新書
○山鳥重（2002）『「わかる」とはどういうことか—認識の脳科学』　ちくま新書
○和田秀樹（2013）『いじめは「犯罪」である、体罰は「暴力」である』潮出版社

第5章

学びとしてのフェアプレイ

- 諸刃の剣の子どもスポーツ～賢明な保護主義
- 大人の責任、フェアプレイ

諸刃の剣の子どもスポーツ～賢明な保護主義

　「子どものスポーツ」については、多くの視点から論じることができます。ここでは、日本におけるスポーツ活動の現状を踏まえた上で、保護者が子どもにスポーツ活動を行わせる際に留意すべき諸点を述べます。

　世界中、どこの国でも文化的特質の違いはあっても、スポーツ活動が子どもにもたらす良い影響、悪い影響は、古今東西、共通すると考えられます。スポーツには光と影の両面があって、スポーツ関係者はどちらかと言えば、負の部分やマイナス部分を指摘することを避ける傾向があります。しかし、スポーツが諸刃の剣である以上、暗部も取り上げることがフェアな態度です。

　ところで、日本においては、学校の体育授業にも到達基準（スタンダード）を設定しようとする動きがあります。ある基準が決められるとそれをクリアするために、今まで以上に、スポーツクラブや学校における部活動が盛んになると予想されます。到達基準による評価も絡むためか、東京都内には「学習塾」にならって、「体育塾」なるものも登場していると新聞が報じています。子どもたちのスポーツ活動がますます盛んになることを予想させるような事態です。

　このような状況を踏まえて、まず前半では、良い指導者、悪い指導者を評定し、後半では、スポーツ活動に起因した「いじめ問題」の対応例をとりあげ、優れたスポーツ環境を子どもたちに提供するために、大人が賢明なパターナリズム（保護主義）を発動する重要性を述べたいと思います。

　本書では、実際、実践に基づいた事例が下敷きとなって考察されています。応用倫理学としてのスポーツ倫理的アプローチでは、机上の論ではなく、

実践への寄与、貢献がとても重要です。実例をどのように分析し、評価し、よりよいスポーツ活動にしていくかは、スポーツ倫理の領域においてはとても重要な課題となっています。ここでの事例は、日常的なスポーツ活動に伴ってしばしば生じる出来事ですが、一歩その対応を誤ると、参加者のバーンアウトやドロップアウト、さらには生命の危機を招く場合もないとは言えません。指導者と選手（子どもたち）との関係性の中で発生する力関係に、大人（保護者）がどのように対応すべきかは重要な課題です。それはスポーツ参加によって不幸を招く子どもを少しでも少なくするためです。

良い指導者と悪い指導者との見分け方

　まず、最初に、簡単に良い指導者か悪い指導者かを見分ける方法を示します。

　その見分け方は、実に簡単です。子どもたちに、「もっと練習や試合がしたいか？」と聞いてください。その答えが（1）「少し疲れているから休みたい」と、答え（2）「自分のチームは練習時間や試合が足りない」のどちらかだったとします。

　良い指導者は、後の回答（2）です。その理由は幾つかあります。まず、（1）の休みたいという答えは、練習や試合数が多すぎる結果です。効果的に運動能力を高めるには、運動したら栄養をとり休養をとることです。休養がないスポーツ活動は単なる身体、精神の酷使に他なりません。たぐいまれな（ある意味で異常な）人物以外、いずれ近い将来、スポーツ活動から離れると思います。いわゆるバーンアウト（燃え尽き症候群）です。運動能力を高める原則は、適切なトレーニング、栄養、休養で、これが三原則です。偏っては運動能力を高めることが難しくなりますし、場合によっては体

に支障が出ます。

次の理由に、休みたいというのは運動欲求が低下している証です。運動のし過ぎによって、いくら好きなことであっても嫌いになるのは普通です。好物だといっても、毎日、ステーキばかり食べていれば、飽きますし、見るのも嫌になる場合もあります。いつも新鮮な気持ちでスポーツ活動に携わる、「さあ、今日もがんばるぞ！」という高い動機づけの状態でなければ、技能の進展はのぞめません。「ああ、今日も練習か」では、上達できるはずはありません。

この意味からすれば、毎日休みなく練習するようなスポーツ活動は最悪ですし、指導者がそれを率先していれば、早く辞めた方が子どもの将来のためには賢明です。率先する指導者は極めて熱心ですから騙されがちですが、騙されてはいけません。子どもの将来が台無しになる可能性があります。保護者が何とかしなければならない状況です。その対処方法は後述します。

さらに回答（２）が正しい理由として、子どもたちは練習が足りなければどうしますか。たいていの場合、全員が集まらなくても子どもたちは、自分や自分たちで何らかの練習方法を考えます。そこが大切なのです。自分の課題を見つけだし、自分で工夫して、それを克服する過程が大切なのです。いわゆる「考える力」とか、「自己教育力」といわれるものです。

日本の選手には「創造力がない」とよくいわれます。その原因は、指導者の教えすぎです。１から10まですべてを教えようとするから、練習時間も長くなります。教えることが多いのは当たり前です。その理由は、スポーツが面白いのはまったく同じプレイがないからです。１回１回が創造的なのです。１回１回が別々のプレイですから、すべてを教えることは不可能です。そのため、指導者はどうするかと言いますと、プレイを幾つかのパターンに類型化し、選手にパターンを教えようとします。多くのパターンを身につけた選手やチームが大会において勝ち進むことになります。そのために練習時

間が増えます。

しかし、考えてみると、パターンを教えるとどうなりますか。たとえば相手がパターン通りであれば対応できますが、練習したこともないパターンが登場した場合には、お手上げです。つまり、「想定外の状況」です。

こんな話をバスケットボール関係者から聞きました。高校の強豪チームから実業団に入ってくる選手の多くは創造性がないというのです。つまり、高校までの指導者は、数種類のパターンを徹底的に教え込むのだそうです。しかし、先にも述べましたが、プレイは1回性ですから、同じプレイはありませんし、パターン通りには試合は運びません。AならばBというパターンだけしか身に付いていないと、どのような状況になってもA→Bが繰り返されることになります。そこではA→Cの選択肢が創造できないのです。極論すれば、選手に考える力が育っていないから、創造的なプレイが出てこないのです。

良い指導者は、選手に考える力を育てようとします。そのためにはすべてを教えようとはしません。すべてを教えてくれれば、選手は自分で考えることなど必要がなくなります。良い指導者は、選手個人に自分で考える余地を残しています。そのために全員で行う練習時間が短いのです。チームスポーツは団体競技だと言いますが、個人の能力が高まらない限り、チーム力は向上しません。その意味ではチームスポーツも個人スポーツの延長線上にあります。個人個人が自分で課題を見つけだし、自分で課題を克服する過程を重視しないと、創造性は出てきません。

日本のチームが世界に通用しないのは、自分で向上したいという欲求が出てこないほど練習するからです。練習量を増やすだけでは、せいぜい国内レベルまでです。高校段階では国内レベルの選手を育てることしか念頭にないために、世界で通用する選手など育つはずがありません。その点、Jリーグの指導者たちは、世界に目を向けています。「目先の大会に目を奪われず、

将来の障害になることを取り除くこと」を一貫指導のコンセプトにしています。この点に、学校における部活動とは別の方向に向いています。どちらが正しい考え方であるかは、読者の皆様自身で十分判断できると思います。

話をまとめると、良い指導者と悪い指導者とを見分けるには、練習をし過ぎていないかが大きな判断基準となります。

体罰など言語道断

また、地域の少年野球、サッカークラブ、スポーツ少年団などの中には、体罰的な方法で教えている指導者がいます。耳を覆いたくなるような罵声を子どもにあびせたり（ハラスメントですが）、時には「指導」という名のもとに手をあげたりする実態があります。勤務する大学において学生に体罰があるか否かを聞けば、半数ぐらいは体罰を受けた経験があると言い、その大半が部活動での指導者だったと言います。

子どもが体罰を受けた時、その指導者（教員も含めて）に対して保護者の反応は３つに分かれます。第１に、「熱心な指導者が行うことだから正しいと考える」、第２に、「善意の指導者が行うのだからやむを得ないと考える」、第３は「絶対に許さず抗議する」。

私は第３のタイプですが、他の保護者よりも積極的に、自分の子どもでなくても抗議します。スポーツ倫理を教えているという職業柄もあるでしょうが、体罰が認められるような条件が整っているとは思われないのです。つまり、スポーツ活動の中で生じる出来事は、社会一般の法律を犯すような重大なことではないので、それに対して体罰を行うなど論外だからです。

> 学校教育法【学生・生徒・児童の懲戒】
> 　第11条　校長及び教員は、教育上必要があると認めるときは、監督庁（文部科学大臣）の定めるところにより、学生、生徒及び児童に懲戒を加えることができる。ただし、体罰を加えることはできない。

　『スポーツ倫理を問う』（2000年）の中で、体罰について論じましたが、改めて、この体罰問題について、私の所論を説明します。

　体罰については良いか悪いかという是非論はありません。体罰は暴力です。相手に危害を及ぼしても認められるのは、自己防衛以外は法律上認められていません。学校現場であれば、「現行の学校教育法第11条で禁止されているから行ってはいけない」とも言えますが、立法の主旨を理解すれば、体罰は暴力であり、人間としての権利を侵しているのでだめなのです。本来は、体罰は教えるときの方法としては採用できないものです。残念ですが、その認識は確固たるものではありません。

　スポーツ活動の場において、子ども・保護者と指導者との力関係は対等だと思いますか。ご自身の経験に照らし合わせてください。おそらく大半の人は、子ども・保護者が指導を受動的に受け入れる弱い立場（vulnerable or submissive position）だったと思います。

　弱い立場にあるので、体罰を含む暴力的指導の仕方についていかれなければ、好きなスポーツをやめるか、あるいは継続するためには、その暴力的指導を我慢して受け入れるしかありません。指導者が、この弱い立場を理解しなかったり、時には逆手にとって、自分自身の指導力のなさを棚にあげて、暴力を振るうことなどは、権力の乱用であって、言語道断です。指導的立場の人は、子ども・保護者がどのような立場にいるか、自覚しておかなければなりません。

スポーツはもともと失敗するように作られています。失敗するからこそ練習をする意味も出てきますし、指導者の専門能力の違い（良し悪し）によって、子どもができたり、できなかったりするのです。罵声を浴びせる、失敗すれば手をあげるといった指導のやり方は、専門性など不要です。誰でもできます。

最近のスポーツ科学の知見は、叱って教えるような矯正的指導よりも、良いところをほめるような称賛的指導の方が有効と教えています。そしてむやみに感情的な指導者は、三流であって、冷静な判断ができないことも証明されています。超一流のサッカー指導者は、選手に相手の腕やユニフォームを引っ張ったり、決定的な場面での意図的なファウルをすることなど、決して推奨することはしません。特に、発育発達段階にある子どもたちには、技術的な未熟さをファウルでカバーさせるのではなく、正しい技術で対抗できるように大きく育てることが重要だと指摘されています。子どもの真の成長を願うなら、目先の姑息な手段を教えたり、体罰による指導を行うのではなく、将来の可能性を「待つ」ような、人格に優れた指導者が期待されます。

体罰は、身体への暴力もさることながら、罵声や人格を傷つけるような言葉の暴力によっても、発育発達期の子どもの将来に大きな影響を及ぼします。大学生らに聞いても、「殴られるよりも言葉の暴力の方がきつかった」という発言が時々あります。子どもたちの身体にも、心にも大きく影響を及ぼすので、保護者として指導者を確実に鑑定・評価する必要があります。

ここまでをまとめると、指導者の良し悪しを見分けるには、練習をしすぎていないか、すべてを教えすぎていないか、選手が自ら考える余地を残しているか、いつも高い動機づけ状態を保っているか、体罰の有る無しなどを判断基準として、自分の子どもが行っている部活動やスポーツクラブをチェックしてみてはいかがでしょうか。

子どもスポーツの陰〜子どもの様子を確かめる

①いじめ

　次に、スポーツ活動が原因となった「いじめ」の事例を紹介します。そしてそのいじめの発見のために、「自分の子どものノートを見る」という方法によって、子どもの様子を確かめることを提案します。子どもは、学校に1日8時間ほどもいます。その間の子どもの様子を知るうえで有効な方法です。

　私的なことで恐縮ですが、私の子どもは小学校4年生の時、サッカー活動に起因して、半年近くいじめに遭っていました。しかし、そのことに、最初の半年間、私も妻もまったく気づかず、気づいた後、それが解決するまでにさらに半年間が必要でした。この体験が背景にあります。

　あれほど元気よく学校に行っていた息子が、4年生になってからのある日を境に、学校に行くのを少しずつ嫌がるようになりました。しかし少なくとも私には、単に「なまけているだけ」と思って、無理に行かせていたこともありました。

いじめられていることがわかったのは、同級生の母親からの電話、「お宅の子、いじめられていない？」でした。話を総合すると、いじめられるようになったきっかけは、サッカーの PK（ペナルティ）対決だったそうです。当時、その小学校の少年サッカーチームでは、息子ともう1人の子がリーダー的存在でした。もちろん、子どもの遊びだったので、たわいもないことでした。PK の対決でどちらが勝つかを決め、負けたら家来になるような約束でした。そしてこの勝負に負けたのが私の息子だったのです。負けたのに家来にならなかったために、どうやらいじめが始まったようです。

息子に PK に勝った相手の子は、周りの子どもたちに息子と話すことも一緒にサッカーをすることもしないように命令したようです。息子はしばらくの間は1人で遊んでいたようですが、このような状態が続くと、だんだんと学校、日常生活が荒れ始めました。口数が少なくなり、不機嫌になって、結果的に学校に行きたがらなくなってきました。ただし、この話の経緯には、推測の部分がかなりあります。

いじめられていることを知ってから、息子のノートを見てみると、いつからいじめが始まったかがすぐにわかるほどでした。学校の様子がはっきりとそこに表れていました。PK の対決がある前までは落ち着いた、ていねいな字でノートが書かれていましたが、いじめられるようになってからは、乱暴で、なぐり書きのようになり、落ち着きのない様子が表れていました。

担任の先生に相談しました。しかし、担任はそのことにまったく気づいていませんでした。今の子どもたちは、一目でわかるようないじめはしないのです。先生にも保護者にも簡単に見破られないように、子どもたちの中だけで秘密裏に、こっそりと行われていたのです。みんなに指示していたリーダーの保護者とも話しましたが、「ウチの子に限って」、「そんなはずない」と申されるだけでした。

親としては、何とかしなければと思い、クラスの子どもたちと保護者も一

緒に、親子サッカーゲームとバーベキュー・パーティを開いたこともありました。その時はみんな仲良くサッカーに興じていましたので、少し安心したのですが、学校生活に戻ると、やはり元の状態にもどりました。

大人が一緒だといじめないのですが、子どもたちだけになると、いじめが始まるのです。毎日、息子と一緒に学校に行くわけにも行かず、本当に困りました。

親としてしてやれることは何かを考え、クラスの子どもたちとその保護者にも、1人ひとりに、一緒に遊んでくれるようにお願いしました。その結果、いじめをやめる子どももいましたが、大多数は変わらず、いじめの側に留まっていました。

我が子がいじめにあったら本当に困ります。子ども同士には大人にわからないような秘密の力関係があり、そこに大人が介入することを阻んでいます。いじめに対する一般論としての対策はいくつかあります。しかし、私の場合、使えることは何もなく、ただ見守るしか方法がなくなりました。本当に、当時は転校（転地）することが最善ではないかとまで思うようになっていました。

②突然、子どもたちのいじめはなくなった

ところがこの事態は急転直下の展開になりました。実は、いじめていた子の家族が引っ越すことになったのです。結果、この本当に偶然の出来事によって、いじめはすっかり解決してしまったのです。いじめに加わっていた子どもたちも、彼が転校した途端に、以前と同じように息子と話したり、サッカーをしたりするようになりました。私は本当に驚きました。「今までいったい何だったのか」と。

無邪気で子どもらしいといえばそうですが、正直、あきれました。やはり、当人以外には蚊帳の外という感覚、あるいはいじめる側にいることがもっと

も安全であると、本能的に子どもらにはわかっていたのでしょうか。

　私の息子の場合には、本当に偶然の引っ越しによって思わぬ解決となりましたが、今思えば、いじめていた子が転校しなければどうなっていたかを考えます。おそらくもっといじめが続き、結局、私の子どもを転校させる以外の方法はなかったような気がします。それほど、いじめは見つけることも、それを解決することも難しいと思いました。

　特に、1日の内で8時間以上も過ごす学校は、子どもたちにとって楽天地でもあり、また監獄にもなる可能性があります。それは、スポーツクラブや学習塾であっても同じです。学校の先生や部活動の指導者まかせでは監獄になる恐れ、いや実際に監獄になっているかもしれません。特に、先生や指導者に専門的能力の不足や子どもを掌握する能力が欠けていると、彼ら／彼女ら自身がまったく子どもたちの変化に気づかないこともあります。

　学校、スポーツクラブ、学習塾など、毎日、楽しく生き生きとしていれば、子どもの持っている可能性が最大限に発揮されることは間違いありません。しかし、何らかの問題やトラブルがあった場合、特に子どもは身体に表れます。それは、元気がない、行きたがらない、ぐずぐずするなど。本人が自覚することなく感覚・身体的に拒否反応を起こしています。

　その際、お子さんのノートをごらんになってください。落ち着いた字が荒れた字に変わりつつあれば、子どもの生活（学校、スポーツクラブ、学習塾）の中で何かが起こっているのかを発見できるかもしれません。

　先生や指導者の様子、子どもの日常生活をよく観察することは保護者としての責任です。自分の子どもは、保護者自身で守らなければなりません。

　保護者自身がスポーツ活動の、特に負の部分を十分に理解し、子どもたちに最適のスポーツ環境を提供できるようにしなければなりません。前半でお話しした指導の仕方に疑問が生じれば、やはり賢明なパターナリズムを発動すべきです。優れたスポーツ環境を子どもたちに提供して、初めてスポー

ツの価値が十全に開花されます。子どものスポーツには、やはり大人が責任
を持って、ケアすることが肝要である点を指摘しておきます。

　本稿は、近藤良享（2006）「自分の子どもは自分で守る」日本の学童ほいく、374：
25-31 頁を加筆修正した。

【参考文献】
○友添秀則・近藤良享共著（2000）『スポーツ倫理を問う』大修館書店

大人の責任、フェアプレイ

　この項では、保護者の皆さんに、真のスポーツの価値を理解していただき、「子どもたちに真のスポーツとは何か」を、大人の責任として伝えていただくことを目的にしています。特に、今の日本のスポーツ指導者（部活動顧問も含めて）の日常的問題行動を批判的にみて、望ましい指導のあり方を提案しつつ、スポーツの価値を理解していただくことをねらいとしています。

　その意味では、単にスポーツのプレイ場面のフェアプレイだけではなく、スポーツに携わる指導者、保護者の方々にもフェアプレイ（フェアな行動）を求めています。とりわけ、指導者が正しくスポーツを理解し、試合場面においても指導場面においても、子どもたちにフェアプレイを伝え、自らもフェアプレイを実践しないと、真のスポーツは育めませんし、誤った形で次世代にスポーツを伝えることになります。それだけ、大人の責任が大きいといえます。

スポーツはよい子に育つ？

　読者の皆さんの中には、スポーツに参加するだけで健やかに子どもが育つと思っている人がきっとおられるでしょう。しかし、それは、幻想というよりむしろ間違いです。スポーツは参加の仕方、指導者の教え方次第で、健やかで心優しい子どもになりますし、逆に真のスポーツを理解しない指導者や大人に教えられますと、意地悪な子どもになったり、時には、誰も見ていなければ悪いことをしても平気な子どもになり下がります。つまり、大人の

第5章　学びとしてのフェアプレイ　131

指導者や保護者次第で、子どものスポーツ参加は良くも悪くもなってしまう「諸刃の剣」です。

　見方を変えると、スポーツに参加することは凶悪な人間を創り出す可能性もあります。それは、過去の不幸な戦争時代に、体育やスポーツが利用された歴史的事実がその証です。よって、正しくスポーツを教えることが必要なのです。

　ところで、皆さんはメディア（テレビ、新聞など）で伝えられるスポーツが本物と思ってはいませんか。古い話ですが、私はママさんバレーボールの指導をしていたことがあります。少しルールを変更してバレーボールを行うと、「先生、これはテレビでやってるのと違う。偽物よ。テレビでやってるルールでやらせてよ」と、お母さん方が不平や要望を申し出てきました。ましてや子どもならば、テレビで放映されているスポーツが本物と思っても仕方がありません。

　現在行われているスポーツの多くは、19世紀末に創られ、様々に形が変えられて、今に引き継がれています。様々な変更によって、スポーツに参加しやすくなるプラスの面もありますが、時には、スポーツ本来の良さがなくなってしまったケースもあります。スポーツ本来の良さがなくなった最大の原因は、「フェアプレイ」を忘れてしまったことです。

　子どもたちはやむを得ませんが、時には指導者や保護者の方々も、「フェアに行うと損をする。試合に負けちゃう」と思ってはいませんか。そんな風にお考えならば、本当のスポーツの良さに接することはできません。というのも、スポーツは単に試合の勝ち負けを決めるという単純なものではありません。勝ち負けを決めるだけなら、スポーツはとっくに飽きられています。スポーツは勝ち負けだけではないからこそ、多くの人が参加し、時には人生をかける人も出てくるのです。サッカー・ワールドカップに出場する日本代表チームを応援するために、会社を辞めるのがよいか、悪いかを論じるつも

りはありません。ただ、スポーツにはそれほどの魔力がありますので、それだからこそ参加の仕方、指導の仕方次第で、様々な弊害が出てくることも確かなのです。

指導者次第のフェアプレイ

この本『改訂スポーツ倫理』を子どもたちにスポーツを教えている指導者、先生だけでなく、子どもがスポーツ嫌いになったとお悩みの保護者の方、今お子さんがスポーツに参加している保護者の方々に是非とも読んでいただきたいと思っています。

指導者や先生には、ご自分の指導が真のスポーツ理解に基づいて行われているのかを確かめていただきたいし、スポーツ嫌いのお子さんを持つ保護者の方には、なぜ自分の子どもがスポーツ嫌いになったのか、その原因を見つけるためにです。

また、今スポーツに参加している保護者の方には、自分の子どもが教わっている指導者が本物のスポーツを教えているか、子どもが本当にスポーツの良さに触れているかを確かめることができます。

ここで述べることは、スポーツ科学の専門家からすれば、極めて常識的で、当たり前のことばかりです。しかし、そうした専門家からすれば常識、当たり前であっても、現実の日常的な指導場面では間違って教えていることが数多くあります。それは難しく言うと、理論と実践の歩調がかみ合っていないからです。

私もそうならないように気をつけ努力していますが、教師、指導者は一国一城の主であり、生徒や学生に対して常に強い立場にいます。少々間違ったことを話しても、批判がくることなどまずありません。最近でこそ文句を

言う学生が登場しつつあり、「先生、何言っているのかわからない？」と平然と言いにくることがあります。しかしかつてはそうした学生がいなかったので、ベテランの教員や指導者は慢心しがちです。それゆえ、自分の指導を振り返ることすら忘れてしまいます。

　昔の教育学者が、よい授業を行うには、「10年ごとにそれまでの授業内容を完全に捨てて、新しい内容にかえなさい」と助言しました。大抵の教師、指導者は、毎年、ほぼ同じ内容を教えています。私は、彼の助言に従い、毎年少しずつ新しくしています。といっても、全面的に内容をかえることはありません。その理由はいろいろありますが、最大の理由は、受講者が毎年かわるということです。たとえ同じ内容を教えていても、受講する側がかわっていくので、内容をかえなくても何とか教え続けることができるのです。だから、教員や指導者はいくらでもサボれるし、逆に、いくら努力、準備するにも際限がありません。

　どちらの方向に自分をおくかは、本人のポリシー（信条）にもとづく自己規制以外にはありません。もしあなたが前向きの教師、指導者であれば、私の現状認識、発言に猛烈に腹が立つでしょう。腹が立つような指導者、先生であれば、どこまで準備しても際限がないことを実感されているでしょう。自分勝手ですが、私の息子や娘には、激怒されるそんな指導者や先生にいろいろなことを教わりたいと思います。

　子どもには無限の可能性があります。それは白いキャンバスに少しずつ色づけしていくことに似ています。偽りのスポーツが教えられれば、偽りのスポーツ色になり、一生涯、スポーツとは無縁の生活をおくることになりますし、逆に本物（真正）のスポーツが教えられれば、生き甲斐、ゆとり、健康、友好に満ちた豊かなスポーツ色になります。どちらの色に染めるかは、結局のところ、「大人の責任」です。

　不幸にも大人が原因でスポーツ嫌いになった子どもが、たとえ1人でも2

人でも救われれば嬉しい限りです。スポーツは諸刃の剣です。指導者が正しく教えれば、豊かなスポーツ・ライフを子どもたちは身に付けていけます。繰り返しになりますが、そうした子どもたちに育てるのは、「大人の責任」なのです。

　この項や本書のいたるところで出される主張は、フェアプレイです。以下は、２つのフェアプレイに導く実践例を紹介します。「グリーンカード制度」や「茨城県バスケットボール協会」のバスケットボール10ヶ条を参照して、監督と選手や親子でフェアプレイについて一緒に語り合って下さい。フェアプレイは大人が教えなければ身に付きません。その意味で、大人の責任で教えるのがフェアプレイで、それが子どもたちの豊かなスポーツライフを約束してくれます。

グリーンカード制度

　最初は、日本サッカー協会の「グリーンカード」の制度（2004年度）をあげておきます。サッカーを見たことがある人なら、イエローカードやレッドカードはよく知っていますね。何かルール違反をしたり、けがを負わせるような乱暴なプレイに、イエローカードやレッドカードが審判員から出されます。しかし、グリーンカードというのは何でしょうか。答えは、フェアプレイに対して、そのプレイを賞賛する意味で出されるカードです。罰則のためのカードよりも、もっとスポーツの本質に近い、フェアプレイへのカードですから、こちらのグリーンカードの方がよりフェアプレイ教育には適しています。

　日本サッカー協会の「グリーンカード」の意味とどのような時に出されるかの説明があります。日本サッカー協会のHPの「大会・試合」の中に、「フェアプレイ」の項目があります。この項には、「フェアプレイとは」「JFAサッ

カー行動規範」「グリーンカード制度」があります。ここでの「グリーンカード制度」は、6歳から12歳までの（U-6からU-12）年代、つまり、小学生以下の試合において、グリーンカードを積極的に活用するように奨励していると、説明されています。グリーンカードの意味は、以下の通りです。

- それは良い行動である。その調子で続けなさい。
- ポジティブな行動を再確認、再強化する。
- ポジティブな教育である。
- 認め、感謝し、もっとやるよう励ます。
- 他の人が見本とすべき手本である。
- ファンやオフィシャルもあなたの行動を認め評価している。

　グリーンカードの意味は、行ってはいけない行為、ゲームの中で減らそうとする行為である否定的、矯正的な意味でのイエローカードやレッドカードとは反対です。より肯定的、積極的に広めるための「ご褒美」としての「グリーンカード」です。
　そして具体的な例が示されています。

- 怪我をした選手への思いやり
- 意図していないファウルプレーの際の謝罪や握手
- 自己申告（ボールが境界線を出たとき：スローイン、CK、GK、ゴール）
- 問題となる行動を起こしそうな味方選手を制止する行為
- 警告も退場も受けず、ポジティブな態度を示す。
  （レフェリーは試合終了の笛を吹く際に、チームベンチに向かってカードを提示する）

　サッカーの審判員の方々に伺うと、どのような場面でこのグリーンカードを出せば良いかがよくわからないという話しを聞きます。しかし、ゲームの

質を高めるような行為、態度には、積極的に「グリーンカード」を出せばよく、多少、乱発気味でも、退場も出場停止などありませんから、積極的に活用するようにしてはどうでしょうか。それが、フェアプレイ教育となり、フェアプレイを広めていくことになります。

茨城県バスケットボール協会指導者育成委員会

2つめの事例として、茨城県バスケットボール協会指導者育成委員会が出している指導者、保護者、プレイヤー、観客のための10ヶ条です。ここにもスポーツを楽しむためのエッセンスが出されています。
(http://teamwork.edu.ibaraki.ac.jp/bskoff/coachcommittee/)

基本的なコンセプトは、「よりよいゲームのため」に、プレイヤー、指導者、審判員、観客(保護者)のそれぞれが貢献することが求められています。「バスケットボール10カ条」は、指導者、保護者、プレイヤー、観客のそれぞれに10カ条が定められています。

紙面の都合上、大人が責任をもって「フェアプレイ」を教える責任があるとの立場から、大人向けのものである「指導者のための10カ条」と「保護者のための10カ条」を引用します(2011年3月24日発行のパンフ)。

「指導者のための10ヵ条」

1. 褒めて下さい：プレイヤーは常に違和感と不安の中にいます。結果ではなく何かにトライしたことを褒めてください。

2. 優先順位をつけましょう：できるようになるには、時間がかかります。優先順位をつけ、発育発達段階に応じた指導をしてください。

3. 向上心を忘れず謙虚な姿勢で：あなたが昔、学んだ技術が正しいとは限りません。向上心を忘れず謙虚な姿勢で指導してください。

4. 審判員のレベルアップに貢献を：審判の判定にクレームをつけるのではなく、全ての審判員のレベルアップに貢献してください。

5. 試合をするのはプレイヤーです：あなたが試合をするのではなく、試合をするのはプレイヤーです。試合は日頃の成果を確かめる場です。

6. 敗北は貴方の責任です：敗北は全てあなたの責任です。プレイヤーのせいではありません。冷静に次の課題を見つけてください。

7. 子どもの将来を考えた指導を：頭も体も鍛えるには時間がかかります。子どもの将来に向けて適切な判断力とマナーを教えてください。

8. 周囲との連携を大切に：保護者等との連携がチームづくりには欠かせません。特に金銭トラブルに注意してください。

9. 体罰、言葉の暴力は厳禁です：体罰、言葉による暴力をなくしましょう。指導者同士で注意し合うようにしてください。

10. 安全第一：正しい身体の使い方を指導してください。もしケガや事故が発生したら冷静に対処してください。

　「褒める」「指導の優先順序」「経験主義への過信」「審判員への協力」「敗北の責任」「子どもの未来」「体罰厳禁」などは、最新の指導理念が網羅されています。この「指導者のための10カ条」を絶えず、チェックしながら指導すると、自然に優れた指導者になり、「フェアプレイ」を子どもたちに伝え、結果的に、フェアな子どもが育つことになります。

次に、「保護者のための 10 ヵ条」に移ります。

「保護者のための 10 ヶ条」

1. 励まして下さい：あなたのお子さんが自分で興味を膨らませワクワクしながら活動に参加できるように励ましてください。

2. ルールに則り楽しくプレイさせましょう：子どもたちがルールに則って楽しくプレイできるように励ましてください。

3. 努力することを教えてください：まじめに努力し続けることが、目先の勝利よりも大切です。成功に近道はありません。そのことを教えてください。

4. 勝利にこだわり過ぎてはいけません：お子さんの能力が高まり、活動を楽しむことが一番大切です。勝利にこだわり過ぎてはいけません。

5. どちらのチームにも拍手をおくりましょう：子どもは大人の鏡です。子どもたちのお手本となるよう、どちらのチームでも素晴らしいプレイには拍手を送りましょう。

6. 批判は禁物、思いやりが大切です：自分の子どもやその仲間に対して決して批判しないで、思いやってください。

7. 審判の判定を受け入れてください：審判の判定がより公平になるよう、その判断が最善であったと受け入れてください。判定はくつがえりません。

8. 良いマナーでお手本を示してください：みなさんの日頃の振る舞いや態度が子どもたちのマナーに影響します。良いお手本を示してください。

9. 体罰、言葉の暴力を排除する努力を：体罰、言葉による暴力を排除しましょう。そのための努力を惜しまないでください。

10. 周囲を敬い、助け合いましょう：指導者、支援者、他の保護者を敬い、助け合いましょう。チームは子どもを預ける所ではありません。

　「激励」「努力」「楽しむ」「思いやり」「子どもの鏡」「体罰排除」「助け合い」など、保護者として「ゲーム」に関わる際の心構え、行動規範が示されています。

第 5 章　学びとしてのフェアプレイ　　139

　他にも「プレイヤーのための 10 ヵ条」と「観客のための 10 ヵ条」もあり
ますので、是非、茨城県バスケットボール協会指導者育成委員会の HP をの
ぞいてください。

　この「バスケットボール 10 カ条」単にバスケットボールだけに当てはまる
のではありません。すべてのスポーツに当てはまります。スポーツ活動の主
役は、もちろん、「プレイヤー」ですが、それを支えるのが、指導者、保護
者、そして観客の人たちです。ゲームはプレイヤーらだけで行っているので
はありません。多くの人々が正しく関与して、初めて「よいゲーム」になり
ますし、フェアプレイ教育の礎にもなります。

　「グリーンカード」と「バスケットボール 10 ヶ条」にあげられた理念や条
項を、子どもたちのスポーツ活動、また自分自身の活動や指導場面におけ
るチェックリストとして活用して、自己点検しておけば、必ずやスポーツが
持つ大きな価値に触れ、豊かな人生への一助となるでしょう。

第6章
スポーツの本質論

・意図的ルール違反をめぐる論議
・ゴルフに見るスポーツの本源

意図的ルール違反をめぐる論議

　意図的ルール違反は、競技スポーツのゲーム場面では日常的で、とりたてて問題視されることもないですが、スポーツ倫理を語る上では、重要なテーマとなります。たとえば、サッカーのディフェンスにおいて「意図的ルール違反は必要なプレイ」という選手もいれば、「プレイはクリーンでいきたい」と反意図的ルール違反を宣言する選手もいます。前者は、俗にいう、「プロフェッショナル・ファウル」、後者は、「フェアプレイ」に該当するでしょうか。

　両者の言い分や意図的ルール違反について、これまで多くの人々が語ってきました。それらを整理してみると、スポーツのルールとは何かについて、その理解が十分ではなく、すべてのルール違反がスポーツそのものを崩壊させるかのような主張もありますし、他方で、ある特定のルール違反は「ゲームの一部」という主張もあります。

　これらの主張のどちらが正しいのかを明らかにするには、まず、ルールそのものから考えてみる必要があります。そして、スポーツ倫理の研究者たちの考え方を分析したうえで、答えを出してみましょう。

構成的ルールと規制的ルール

　競争スポーツでは、参加者たちの間でどのようなルールで競技を行うかを決めることがまず最初です。皆さんたちの場合は、体育の授業や部活動で、先生や先輩から自分のスポーツのやり方を教わってきたり、あるいは、見よう見まねでスポーツを覚えてきたかもしれません。しかし、本当は、どのス

ポーツもそれを行うルールが決められていますので、ルールブックを読み、理解してからしか、実際はそのスポーツができません。なぜなら、ルールブックに従ってそのスポーツが行われることが前提となっていますし、ルール変更、改訂もしばしばあるからです。仮にルール変更を知らないでゲームを行うと、相手選手と違うルールでゲームを行ってしまうことも起こります。そうなるとゲームの途中でトラブルになったり、ルールで決められた勝者を正確に決められなくなります。

そんなわけで、今からでも遅くありません。ルールブックを熟読してみることを薦めます。そうすると新しい創造的な戦術も生まれてくる可能性も芽生えてきます。

それはともかくとして、スポーツを始めるには、参加者同士がまずルールに合意、了解することが前提です。一般的なスポーツのルールには、そのスポーツの競技の進め方を定める「競技規程」と、参加者の条件である「参加規程」の2つがあります。この2つのルールが守られて初めて、そのスポーツがスポーツとして存在するようになります。

前者の競技規程は、構成的ルール（constitutive rules）と呼ばれます。このルールには、そのスポーツの中で使うことができる行為と使ってはいけない禁止行為が決められています。使うことができる行為の範囲内で、そのスポーツにおける技能や戦術が生み出されます。さらに、構成的ルールには、その競技の目的や認められた技能や戦術も明示してありますので、そのスポーツに参加する人々は、だれもが同じ課題に向かったり、参加者同士の腕比べの結果も比較できるようになります。だからこそ、皆さんにとって、ルールブックをしっかりと読んで理解することが、スポーツを上達させる第一歩になります。

後者の参加規程は、規制的ルール（regulative rules）と呼ばれます。このルールは、少し大げさですが、当該スポーツをどのようなスポーツとし

て確立し、継承させ、そして促進させるべきかに基づいて策定されています。ただし、構成的ルール、規制的ルールとも、スポーツ世界内の一種の約束事（私法的性格）なので、もちろん、話し合いによって変更することができます。実際には、参加者の状況、特に学校のスポーツ実践では構成的ルールも規制的ルールも参加者のレベルに応じて、適宜、変更されたり修正されたりします。

構成的・規制的ルールと意図的ルール違反

　では、構成的ルールと規制的ルールは、意図的ルール違反の問題とどのように関わるのでしょうか。

　周知のように、スポーツのゲーム場面では、選手が意図的であろうと無意図的であろうと様々なルール違反が起こります。バスケットボールのゲームを例にすると、フリー状態でシュートしようとしている選手を後ろから押したり、抜き去ろうとする選手をつまずかせたりします。また、サッカーでは、意図的ルール違反の罰則に伴うペナルティー・キックを承知で、相手を倒したり、シュートを手で阻止しようとする場合があります。さらに、バレーボールでワンタッチ・ボールをあたかもボールに触れていないかのように偽ったり、用具・用品を用いるスポーツでは、こっそりと用具・用品を改変して自らに有利にしようとする場合もみられます。

　後述しますが、意図的ルール違反には、時代や地域によって慣習的に容認、黙認されていることがあります。ゲームの解説者らが、「ルール違反はよくないですが、やむを得ないファウルでした」と、「プロフェッショナル・ファウル」を容認するかのような発言を時々します。もちろん、意図的ルール違反は、慣習的容認、黙認を問わず、構成的ルール違反なので明らかに

良くない行為ですが、現実には、たびたび起こっていることを認めざるを得ません。

　他方で、このゲーム中の構成的ルール違反とは異なるものもあります。その例として、ドーピング違反がそれに該当します。ドーピングは、構成的ルールに反した行為ではなく、世界アンチ・ドーピング機構（WADA）が禁止したドーピング禁止規程、つまり規制的ルールに反した違反となります。

　敷衍すると、陸上競技100メートル競走において発覚したドーピング陽性の選手の場合、陸上競技100メートルの構成的ルールに反したのではありません。その選手だけが別の選手より短い距離を走ったり、特殊な用具を着装して競走したのではなく、他の選手と同様に構成的ルールに従って競走しています。つまり、Aというスタート位置から全員が同時に出発し、百メートル離れたB地点までを競走し、その選手が最も速くB地点に到達したのです。

　この説明でわかるように、ドーピング禁止規程への違反は、そのスポーツの構成的ルールに反したのではなく、WADAの定めた参加規程に反したのです。他にも年齢制限がある大会に、年齢を偽って出場する場合も、この規制的ルール違反となります。

　ドーピングとか年齢詐称などのような規制的ルールの意図的ルール違反は、容認、黙認されていませんので、ここでは、以下、論議を呼んでいる「構成的ルール」における意図的ルール違反に限って考えてみます。

構成的ルール違反の種類

　まず、ルール違反を行う人が違反を無意図的に行うか、意図的かという意図性の有無によって、ルール違反を大別すると、無意図的ルール違反と

意図的ルール違反に分けられます。3種類のルール違反が考えられます。

①無意図的ルール違反
②意図的ルール違反その1（審判員への発覚、罰則を回避）
③意図的ルール違反その2（審判員への発覚、罰則を予期、了解）

①無意図的ルール違反には、偶然の（accidental）、無関心の（indifferent）、無知の（unknown）ルール違反が挙げられます。この種のルール違反は、ゲームの質を低下させますが、行為者の悪事性が問題となるようなことはありません。何せ、携わっているスポーツの技能も低いし、知識も不十分だからこそ、うっかりとか、やむなくルール違反になってしまうのです。しかし、本人に悪気はなくても、結果的に相手に怪我を負わせてしまうこともあります。そのときには、道義的責任がありますので、当然、相手に謝罪などは必要となります。

この無意図的で、偶発的に起こるルール違反は、もっと技能を練習したり、ルールや戦術などを学習したりすれば、違反は減少しますし、ゲームの質的向上も期待できます。

しかし、スポーツにおける問題性という視点からは、無意図的ルール違反ではなく意図的ルール違反に焦点が当てられます。

前記のように意図的ルール違反は2つに大別できます。すなわち、審判員に違反が見つからないように行って罰則を受けないようにする場合（②）と、審判員に違反が見つかって罰則を覚悟して行う場合（③）です。②の前者の違反が見つからないようにする意図的ルール違反は、審判員が違反を見誤ることを願って罰則を受けないことがベストですし、後者は、審判員が必ず違反を見つけ、当然、罰則も覚悟して行う意図的ルール違反です。

意図的ルール違反であっても、②の発覚回避の違反的な行為は、一般的に、チーティング（cheating：いかさま、不正）と言われ、第三者の判定によって見逃されると、ゲームそのものがアンフェアとなります。成功裏に

実施されたチーティングは、罰則も受けることなく、意図的ルール違反が違反ではなく単なる1つのプレイとして埋没します。

こうした②③の意図的ルール違反には、以下に展開する2つの主張、立場があって、その賛否は二分されています。それが、意図的ルール違反の形式論（formalism）とエートス論（ethos theory）です。まず、意図的ルール違反の形式論から説明します。

意図的ルール違反の形式論

「構成的ルールへの意図的ルール違反は、その行為に対して罰則規定が明記されているので構成的ルールの範囲内にある。このような行為は、ゲームを破壊するものではなく一種の戦術・戦略」という主張があります。別の言い方をすると、構成的ルールの働きによって形式面は補償されるため問題はないというのです。確かに、ルール違反者の行為によって、仮に怪我人が出て、その人が競技し続けられなければ、選手交代が可能であるし、ルール違反者には罰則が科せられ、その後のプレイに制限、制約が加えられます。

しかし、形式面での補償があればルール違反は認められるのか。それが形式論（formalism）と呼ばれる立場となって現れます。意図的ルール違反もゲームの内という容認傾向に、形式論者は、主に4つの理由から異議、反論を唱えています。

第1に、同じ課題を崩壊させること。つまり、構成的ルールの禁止行為の設定は、主として当該スポーツの本質に反しないように、安全面や面白さといった観点から決められています。構成的ルールは、日常的な行為とは異なる形でスポーツを成立させていますので、それに参加する人々がルールに同意することが大前提です。そのスポーツへの参加者が構成的ルールの一

部を変更したり、あるいは全面的な変更に同意すれば、それはそれでスポーツとして成り立ちます。ただし、そこでのスポーツが当事者同士とは別の参加者にも同意されるかは別の問題ですが。

たとえば、1回限りの構成的ルールに同意した参加者が行うスポーツが、他の人たちから、「そんなのスポーツじゃない」となっても、当事者同士にとってはスポーツなのです。スポーツとは当事者同士の同意が大前提なのです。

しかし、ここで問題としている意図的ルール違反の場合は、ゲーム開始前に意図的ルール違反は認めるという変更への同意を行わず、相手とのルール遵守の同意を一方的に変更しているものです。よって、課題が同一でないと真の試し合いが成立せずゲームを行っていないことと同義で、結果的に、誠実に相手との約束事を遵守している対戦相手をだますことになります。意図的ルール違反は相手への裏切りなのです。

第2に、禁止行為を設定するルールの精神に反すること。つまり、ある種の行為を禁止するルールは、その行為が意図的であろうが無かろうが、そのスポーツにはふさわしくない行為として減らそうとする意図があります。

たとえば、バスケットボールで身体接触を禁じるルールは「身体接触がないこと」がバスケットボールというスポーツの本質であると同時に、安全面の配慮も意図されています。もしこれを許すと、サッカー、ラグビー、アメリカンフットボール等々の他のスポーツとの違いが薄れてしまうからです。

また、禁止行為ではありませんが、「24秒ルール（ショットクロック）」はリードしているチームの時間稼ぎを防止して、積極的な攻防を推進しようとしています。当然、このルールを逆手にとって、24秒の制限時間のぎりぎりまで攻撃しないという戦術が生まれますが、本来、24秒ルールの設定は、「できるだけ速やかに攻撃せよ」という意味であって、24秒まで攻撃しなくてもよいわけではありません。

禁止事項を含めたルールの設定には、それぞれ意図があって、単に形式を満たしていればよいということではなく、その意図とか、精神も正確に理解しないと、真のルール理解とは言えません。その意味で言うと、ルールの正しい理解とは、ルールの条項とその設定の意図、精神の両方を理解していることになります。

第3に、スポーツ固有の価値実現を阻害すること。つまり、スポーツの目的の1つは、対戦相手同士のどちらが優れているかを正確に知ることですが、意図的ルール違反はそれを判定不能にします。対戦相手がルールを守って、真の試し合いをしようとしているにもかかわらず、意図的ルール違反によって、スポーツ固有の価値実現を阻害しています。スポーツ固有の価値実現を求めて試し合いを開始しても、この種の行為によってそれが阻害され、相対的卓越性についての正確な知識・情報が獲得できなくなります。対戦相手を不正に利用しつつ、正確な知識・情報は獲得できないのです。換言すると、チーティング（不正行為）しつつ、勝者になることはできないことになります。

第4に、慣習的理由は正しさを完全に保証しないこと。つまり、意図的ルール違反者は、だれもが同じような状況になった時には「意図的にルール違反をする」という慣習的な理由を提示することがあります。しかし、慣習的理由というのは相対的であって、必ずしも正しさを保証しません。慣習的理由というのは正しいかもしれないし、正しくないかもしれないのです。前述したように、構成的ルールは参加者の同意で決定されるので、ルールの変更を同意して行えば不正ではありません。変更への同意ではなく、慣習的理由でもって、自分が有利になるように勝手にルール変更（違反）を行うのはよくありません。意図的ルール違反者にとって最も都合がよいのは、相手がルールを厳格に守り、自分だけがルール違反で有利になっている状況です。慣習的に意図的ルール違反を行うと言っても、すべての参加者がそ

の慣習に従って同じように行為しない場合があることが問題なのです。

　以上、形式論者らは、意図的ルール違反が、①同じ課題を崩壊させる、②禁止行為ルールの設定の意図、精神に反する、③スポーツ固有の価値実現を阻害する、④慣習的理由の正しさを保証しないことから、倫理的な原則である「可逆性」や「公正」に反するために、よくないと主張します。

　川谷もルール絶対主義（形式論）に基づくルール違反について、「構成的ルールに違反する人は、競技において通常の仕方で負けたのではなく、そもそも競技をプレイすること自体に失敗したという意味で、普通の敗者ではなく、究極的敗者（an ultimate loser）と言われることがある」（川谷、71頁）と、ルール違反者が競技失格者かのように位置づける立場があることを示唆しています。

　しかし、こうした法的正義を前面に出す形式論に対し、その一方で、慣習の観点から意図的ルール違反を論じる人々は、「エートス論」を唱えます。

意図的ルール違反のエートス論

　W. フレイリーによると、エートス論では、エートスの意味やエートスへの言及が多様であっても、総じて、意図的ルール違反が「ゲームの一部」で社会的、文化的に容認されていると解釈しています。ここでは社会的、文化的に容認されているエートスの代表例として、サッカーにおけるマリーシア、マランダラージを取り上げます。

①マリーシア

　「マリーシア（malicia）」というポルトガル語は、『大辞泉』によると、「悪意、特にサッカーで、ゲームに勝つためのずる賢さをいう」とあります。

ブラジル人が日本に持ち込んだサッカー用語のようですが、具体例を挙げると、「自分たちのセットプレイに時間をかける」、「相手のボールになった時、すぐにボールを渡さない」、「選手交代をゆっくりと行う」、「相手選手と接触していなくても倒れる」、「接触プレイで必要以上に痛がる」などです。

このようなマリーシアは、遅延行為やシミュレーション（simulation）の境界線上の行為で、行き過ぎたり、審判員によっては意図的ルール違反と判定されたり、日本ではフェアプレイやスポーツマンシップに反する行為とブーイングされる時もあります。

マリーシアは、競技の内的目的、つまり「勝とうとすること」に向けて、ゲームを有利に運び、勝利に近づくための戦術的スキルと考えられています。ただし、ブラジルサッカーのメンタリティ、価値観を表わしていると言われ、その国民性が反映されているようです。同じマリーシアでも、ブラジルとアルゼンチンとは理解が異なり、それは、マリーシアとマランダラージの違いとなって現れます。

②マランダラージ

アルゼンチンのマランダラージは、ブラジルのマリーシアの例よりもっと狡猾で、汚いプレイと言われます。髪の毛、シャツ、パンツなどを引っ張る、相手のスパイクのヒモをほどく、股間をつかむ、尻を触るなどの行為があります（戸塚、109頁）。

マリーシアとマランダラージには違いがあります。マリーシアは、審判員がその行為を明確に確認できる状態で堂々と行っています。時にはこれらの行為が批判される可能性はありますが、相手を傷つけるような悪質な違反ではなく、むしろルールの範囲内だったり、ルールの解釈の範囲内の行為と言えます。

それに対して、マランダラージは、審判員が見えないところで、罰則を回

避しようとこっそり意図的ルール違反をしようとしています。両者とも、審判員が違反行為と判断すれば、当然、違反で罰則となりますが、両者を比較するとどちらかと言えば、マリーシアが、「狡猾」とすれば、マランダラージは、「汚い」プレイと言えるでしょう。

　マリーシア、マランダラージは、いずれも対戦相手同士のゲームを判定する審判員の存在が前提となって創造された行為であって、いずれも審判員の判断に依存したり、あるいは判定の誤りを期待しています。

　次の項「ゴルフに見るスポーツの本源」で述べますが、現代社会においては、近代スポーツが参加者間の「自己統治」を原則とする時代では考えられなかったスポーツの変質がありますし、それがまた国民性とも共鳴し、スポーツ文化として生き残っています。そのために、マリーシア、マランダラージという意図的ルール違反がエートスとして残っている状況の良し悪しについて、それを軽々に判断することは難しいようです。

結び 〜真性、本物のスポーツを求めて

　現代社会におけるスポーツ実践、特に競技スポーツにおいては、確かに意図的ルール違反を黙認、容認する慣習的傾向があります。意図的ルール違反には罰則が伴うので、罰則をうければ、違法行為が許されるという風潮は決して望ましくはありません。しかし、「じゃあ、罰則ルールを強化しよう」という方法も短絡すぎます。罰則を恐れてルールを守らせるような方策は、過度のパターナリズム（保護主義）を増長して、自律・自立しないスポーツ参加者となってしまいます。

　両立させるのはジレンマに陥りますが、１つだけ言えることがあります。それは、「社会で行われているスポーツ実践を学校教育の場でそのまま繰り

返してはいけない」という点です。少なくとも、教育の場で行われるスポーツは、社会の実践よりもより真性で本物でなければなりません。特に価値観の形成段階にある学校教育の場においては、体育授業や課外の部活動を問わず、スポーツの理念、価値、意味を正しく生徒に伝え、優れた文化活動としてのスポーツ世界の創造に寄与する、自律・自立した子どもたちを形成すべきであることは間違いありません。その理由は明確で、真性で、本物のスポーツを次世代に引き継いでいくのは、現代の若者たちだからです。

本稿は、近藤良享（2011）競技スポーツの意図的ルール違反をめぐる議論、体育・スポーツ哲学研究、第33巻第1号、1-11頁を加筆修正した。

【参考文献】

○Fraleigh, W. P. (2003) Intentional Rules Violations—One More Time. Journal of the Philosophy of Sport, XXX, pp. 166-176.

○生島淳（2003）『スポーツルールはなぜ不公平か』新潮社

○川谷茂樹（2005）『スポーツ倫理学講義』ナカニシヤ出版

○近藤良享、「競技における快・不快～よい戦術選択とは」、中村敏雄編（1995）『スポーツコミュニケーション論』創文企画

○守能信次（2007）『スポーツルールの論理』大修館書店

○戸塚啓（2009）『マリーシア』光文社

ゴルフに見るスポーツの本源

　ゴルフというスポーツはよく人生にたとえられ、様々な格言、名言が出されています。これまでのゴルフの伝統からすれば、その背後には、豊穣な歴史的事実、制度的意味が潜んでいることは疑う余地もありませんし、ゴルフについて考えることはスポーツの本源とは何かを探究することにも通じる可能性があります。よって、その手がかりとして、夏坂健や摂津茂和らが取り上げる名言や格言を使いながら、ゴルフに見るスポーツの本源を描き出してみることを本項の目的とします。

ゴルフの倫理（美学）に学ぶ

　夏坂の作品には多くの格言が登場します。

　まず、「ゴルフの精神性」について、「1774年に最初のルールが出来るまで、ゴルフでは2つの掟が死守されていた。1つは、『自分に有利にふる舞わない』、もう1つは『あるがままにプレーする』。この2つがゲームの基本であって、最初に作られた13ヵ条にはプレーの方法について述べた部分が多い。その後、ルールの条文こそ増えたが、底に流れる精神は前記の2つの掟から1歩も前に出ていない。ルールは人が作るもの、当然のこと抜け穴も少なくない。どう考えても解決できないトラブルに遭遇した場合、私は聖書の中にヒントを求める」（夏坂、22-23頁）と、ジョセフ・ダイの言葉が紹介されています。

　また、1940年の全米オープンで発生した有名な事件、すなわち、正規の

時間を遵守しなかった6名を失格にした際にも、「ルールは守るためにある。それは条文だけの問題ではない。精神こそプレーヤーが死守すべきものである」（夏坂、25頁）と、同じくジョセフ・ダイの発言を引用しています。

ここにも自分に有利に振る舞わず、あるがままにプレーする精神が厳守されていたことがわかります。悪天候であったとしても、自分に有利になるように約束の時間前にスタートすることなど、ゴルフへの冒涜と断罪します。

ここからは、スポーツは自分に有利になるようにルールを解釈してはいけないことがわかります。この点がフェアとアンフェアの理解につながります。

「ゴルフと人格」について、たとえば、ゴルフの帝王と称されるジャック・ニクラスが、ボビー・ジョンズを尊敬する人物として紹介した1節が次です。「ゴルフでは勝利数と人格の高邁さは比例しない。ゲームを通していかに敬愛されるか、いかに多くの人から尊敬を集めるか、それがゴルファーに要求される究極の資格だと思う。」（夏坂、64頁）。

ここからは、ゴルファーはもとより、どのようなスポーツであってもプレーヤーとしても、ゲーム終了後、再び手合わせしたいと思われるように振る舞い、尊敬される人間になることが求められています。勝敗に並ぶ、勝敗を超えた人間性、人格が求められています。日本において、スポーツや武道に人格性が問われるのは、ここに源がありそうです。

「ゴルフの独自性」について、たとえば、1896年と1898年に全英アマを制したスコットランドの国民的英雄、フレディ・テイトが、マッチプレーを推奨した際の1節です。「1打ごとに神経をすり減らし、くじけそうになる自分にムチ打って1ホール毎に決着をつけようと歯をくいしばるデスマッチ。（中略）目の前の相手と闘うため、マッチプレーには情け無用の冷酷さがつきまとう。勝者と敗者が歴然とするため、人としての『美学』まで求められる。敗北のシナリオもストロークプレーに比べると破滅的であり、敗れた者にはノックアウトされたボクサーのような悲哀も感じられる」（夏坂、

76-77 頁)。

　つまり、マッチプレーは他のスポーツ種目のトーナメント方式では通常で、むしろゴルフのストロークプレーの方が特殊なのです。ストロークプレーは、原則、誰が最終的に勝者であるかを不確定にして、コースの攻守戦略も自身の判断、決断にかかっていることから、それがゴルフ独自のオリジナル性となっています。スポーツで説明すれば、見えない相手を含めて勝敗を競い、自分自身との戦いもあることが示唆されています。

　「ゴルフ教育」について、幼い兄妹を連れ出して父親がゴルフを教える時の会話があります。「よその家を訪ねたとき、まず最初に何をするか？」、「ドアをノックします」、「そうだ。断りもせずに泥靴のまま上がり込む人はいない。ゴルフというゲームは、たとえてみると伝統、格式、高度な文化によって骨組みされた由緒正しき家屋。この家を訪問するには、まず姿勢を正すこと。次に家人に対して礼を尽くすこと。ゲームに臨んで心すべきは、他人に迷惑をかけないことである。ビギナーとは、ろくに挨拶もできない乳幼児そのもの。良識ある親は、わが子に躾を与えてから初めて外出を許すもの。ゴルフとて同じことだ」（夏坂、114-115 頁）。

　ゴルフに限らず、スポーツにはおのおの独自の歴史、慣習、エートス、マナーなどの社会的規範があります。一般的にスポーツは、プレイ料金や使用料を支払えば誰でも気軽に参加、プレイできるように見えますが、決してそうではありません。技能、慣習、エチケットなど、他の参加者との関わり方を修得しないと、多くの人々に迷惑をかけることになります。ゴルフだけではなく、それは他のスポーツも基本的に同じです。

　ゴルフ規則の第 1 章が「エチケット」である点も、他のスポーツにはない、ゴルフの大きな特徴です。ゴルフ規則の第 1 章のエチケットには、「コース上での心得」として、基本的な考えは、コース上にいる他の人に対しても常に心をくばるべきと述べられています。また、「ゴルフはほとんどの場合審

判員の立ち会いなしに行われる。また、ゴルフゲームは、プレーヤーの一人ひとりが他のプレーヤーに対しても心くばりをし、ゴルフ規則を守ってプレーするというその誠実さに頼っている。プレーヤーはみな、どのように競い合っているときでもそのようなことに関係なく、礼儀正しさとスポーツマンシップを常に示しながら洗練されたマナーで立ちふるまうべきである。これこそが正に、ゴルフの精神なのである。」

　つまり、ゴルフは、ルールや他者への配慮であるエチケットを守り、自らがゲームを治めるべきという、自己統治の原則が示されています。

自己統治としてのスポーツ

　前のゴルフ規則に見られるように、スポーツの本源は、対戦者同士の自己統治、つまり自分たちでゲームをコントロールして、互いのパフォーマンスを判定・裁定することを目指しています。それは、近代スポーツの黎明期にあっては、審判員がいない相互判定ゲームであったことにそれが現れています。

　近代スポーツが、最初は、文字通りの遊びである「遊戯」から始まり、次第に技や課題で遊び合うような「遊技」に進化、発展します。それが他者との技や課題の比較としての「スポーツ」が中心的関心事になった時から、第三者としての審判員が登場してきます。初めて「スポーツ」になった頃の審判員の役割・機能は、ゲーム時間の測定程度の比較的役割が軽いものであり、プレイやパフォーマンスの判定（ジャッジ）などは行っていなかったと言われています。それを象徴するかのように、佐山が紹介する「古式野球」におけるスポーツマンシップとして、以下のような事象があげられています。

○本塁上のブロック、アンパイアへの抗議、相手投手への威嚇、けんか腰は許されない
○観客は、アンパイアをやじったり、相手チームを傷つける言動は一切禁止される
○相手選手への賞賛
○アンパイアに対しては「サー」の尊称で呼ぶ
○選手たちのプレーがアンパイアにとって不明瞭の場合、アンパイアは当該のプレーヤーに確認したり、観客に判定を求めたりできる。

　これらは、明らかに審判員に依存したゲーム展開ではなく、自分たちがコントロールする「自己統治」が原則になっていた例です。
　遊戯や遊技的なスポーツが競技的なスポーツに変容していくと、それに伴って、参加者同士のゲームから競技者同士のゲーム、自己統治から他者依存、相互審判から審判員判定へと変わっていくことがわかります。

　現代社会の（競技的）スポーツでは、明らかに、競技者同士のゲームで、他者依存、審判員判定となり、審判員の判定をめぐるトラブルもたびたび起こり、時には、新聞紙上、マスコミを騒がします。そうした喧騒が起こるたびに、ゴルフゲームこそが、スポーツの本質を具現化したモデルであり、スポーツ倫理やスポーツモラルを体得する最善の教材ではないかと思うときがあります。
　この点について、「ゴルフにレフリーがいない。プレーヤーはみずからがレ

フリーであって、すべての問題を裁決し、処理し、責任をとらなければならないのだ」というホラス・ハッチンソンの名言（摂津、26 頁）、あるいは、「ゴルフほどごまかしやすい機会に恵まれたゲームはほかにない。ゆえにまたゴルフほどその欺瞞をおかしたものがはげしく軽蔑の眼で見られることも、ほかのゲームに例を見ない」という、フランシス・ウイメットの名言（摂津、28 頁）などを引き合いに出せば、スポーツの自己統治の原則や学校体育のスポーツ教材としての教育的価値が認められます。

ゴルフ独自の意味空間としての「19 番ホール」

　ところで摂津の『不滅のゴルフ名言集』には、「ゴルフの 1 ラウンドは 18 ホールからなっているが、真の完全なラウンドは、19 番ホールで終わるのだ」（摂津、74 頁）というハーバード・アダムスの名言が引用されています。

　この「19 番ホールの意味」について、この 19 番ホールには、①イギリス型スポーツの本質特徴である「社交の精神」が表れている、②19 番ホールは、ラグビーで言われる、ノーサイドの精神を具体化したアフターマッチファンクションの場である、③対戦相手同士のフェアネスを証明しあう場、と考えられます。以下、これらについて説明します。

　①について、「19 番ホール」は、1 ラウンドの 18 ホールが終わった後で、プレイヤー同士が楽しく語らう場であることから、まさしく「社交の精神」の具体的現れであることは明白なので説明は要さないと思います。

　②のラグビーの中にある「ノーサイドの精神」とは、戦ったもの同士が試合終了と同時にサイド（チーム）意識を離れ、親睦を深める精神と態度と言われていますし、アフターマッチ・ファンクションとは、ゲームが終わると敵味方に関係なく、お互いに健闘を称えあう機会のことです。

この機会は、ゲームという非日常的活動から日常への復帰を明確にするためにも、ゲームが終わった後の対応は、極めて重要な役割があります。格闘技系のスポーツなどにおいては、この「ノーサイドの精神」がなければ、単なるけんか、暴力、戦争との差異が見えづらくなります。「ノーサイドの精神」こそが、日常と非日常、スポーツと戦争とを区別させ、まったく別の活動に位置づけるための理念になっています。「ノーサイドの精神」が基盤にあって、ゲーム後、プレーヤーらが共に集う場こそが、アフターマッチファンクションや「19番ホール」と考えられます。要するに、ゲームは、終わった後が大切で、気持ちよくゲームが終わるようにゲームを進行させることが重要なのです。

③の「19番ホール」がフェアネスを証明する場であることについては、少し説明が必要です。

法的、倫理的フェアと19番ホール

競技の行い方を示す構成的ルールに並んで、法的フェアと倫理的フェアという2つのフェアネスという遵法精神があります。法的フェアはルールを忠実に守ることであり、他方、倫理的フェアは、当該スポーツ（社会）が有するエートス（精神性）に従った行動をとることです。

「フェア」の精神は、戦い方に制限を加え、自他が選択できる手段を縛ります。つまり、相手のチャンスと自分のチャンスを等しく（機会均等）し、自分しかないチャンスを使えば勝てる可能性があっても、あるいはそれを使わないと敗北する可能性があっても使わない（手段の制限）のです。戦いを制限し自縛するのは、戦いを純粋な場にして、真に競い、戦おうとするためです。

第6章 スポーツの本質論　161

　「フェア」の精神に従うという時、勝利すればよいという闘争観とは違います。負けたとしてもフェアに戦うことを善しとします。別の言い方をすると、戦いの中に「善いことや美しいこと」を見いだし、勝利よりも戦い方（過程）を重視して、見事に戦おう、実力をぶつけ合い、全力をかたむけ、きれいで満足できる戦い方を求めるのです。たとえば、武士道では、「きたな勝ち」は、「負け以下」であると考えられ、フェアに戦った上での「見事な負け」を高く評価し、逆に「きたな勝ち」などは、「負け以下」と忌み嫌い、軽蔑したと言われています。

　ゴルフの場合、特に審判員が見ていない場所であれば、ルールやエチケットに反しても自分に有利な方法を使いたくなります。そんな意図的ルール違反へと誘惑される場面を想像してみましょう。ルールやエチケットの規定を遵守すべきか、あるいは違反してしまおうかという葛藤がある場面でこそ、フェアの精神は、ルール遵守の行動に自己を方向づける働きがあります。ゴルフ（スポーツ）の精神を完全に体得している人であると、この精神の存在自体が問題にはなりません。その理由は、ルール違反を選択すべきか否かという葛藤自体が生じないからですが、やはりその域に到達するまでは、不断のスポーツ教育が欠かせません。ルール違反をしたくなるような誘惑・葛藤のある場でこそ、ルール遵守に自らを律するためには、フェアネスが欠かせないのです。

　「19番ホール」というのは、このフェアネスを実現したプレーヤーだけが、心からのゲームへの礼賛、評価ができる場となり、仮に、アンフェアネスを選択してしまったプレーヤーにとっては、後悔、自己嫌悪、自己不信など、いばらの（時間）ホールとなるのです。

ゴルフに見るスポーツの本源

　スポーツは、ゲーム前、ゲーム中、ゲーム後の３つの場面に分けられます。最初に、構成的ルール（競技のやり方）や規制的ルール（参加資格）を守ることを確認しあう場（ゲーム前）です。そして、構成的ルールに従ってゲームが遂行される場（ゲーム中）があり、ゲームが終了した後に、ゲームが評価される場があります。

　ここでとりあげた、アフターマッチファンクションや19番ホールにおいて、心からゲームの談議に参加できるのは、ゲーム自体のフェアネスが確保され、さらには倫理的フェアの出現によって、ゲームの質を高めたからです。ゲームがフェアだったことは、たとえ敗北になったとしても心を美しくし、逆にアンフェアかつ敗北であれば、心も身体も大きな打撃を受けます。ゲームが終わった後からみれば、そのゲームが本物であったことがわかるのです。

　ゴルフの起源には諸説ありますが、ゴルフが英国出自の近代スポーツの源流をなしていることに異論を唱えられないと思います。その意味で、ゴルフの様々な出来事には、スポーツの本源が含まれています。

　「ボールが打てて半人前、ルールがわかって１人前」というジョセフ・ダイの名言があります（夏坂、192頁）。これはゴルフに限らず、あらゆるスポーツに適用可能です。単にスポーツがうまい、ある程度できるだけでは半人前、心技体のバランスがとれ、かつ人々から尊敬されてこそ１人前になるのです。技術・技能に加えて、スポーツの歴史、文化、ルール、マナー、エチケットに精通し、なおかつ社会のルール、マナー、エチケットも理解でき、実践できるようになって初めて１人前のスポーツパーソンとなれるのです。

　「スポーツの精神」は、倫理観、フェアプレイと誠意、健康、優れた競

技能力、人格と教育、楽しみと喜び、チームワーク、献身と真摯な取り組み、規則・法令を尊重する姿勢、自分自身と他の参加者を尊重する姿勢、勇気そして共同体意識と連帯意識といった特徴で示されますが、まさしくゴルフの精神と共通する基本的理念です。優勝劣敗的性質を志すアメリカ型スポーツとは違って、ゴルフには、単なる勝敗・記録をはるかに凌駕するだけの格言やエッセイが残されています。

　ここまで見てきたように、ゴルフには、人生への豊かな体験、自己統治としての教材的価値があります。豊穣なスポーツ文化としての価値を内在しているゴルフを、もっと成人だけではなく青少年にも普及させることが必要です。

　2016 年のオリンピック種目にゴルフが選ばれました。しかし、そのことによって競争が激化してアンフェアな行動が出現することが容易に予想されます。アンフェアな行動への誘惑に打ち勝ち、フェアなゲームを行うように指導するのは、まさしく大人（指導者、保護者ら）の責任です。ゴルフに限らず、すべてのスポーツにおいて、ゲームが終了した後には、「19 番ホール」のようなアフターマッチファンクションの場を設定し、お互いが心からゲームを評価しあえるようにすることも、フェアな子ども、プレーヤーを育てるためには重要なことだと思います。

　本稿は、近藤良享（2010）「ゴルフにみるスポーツの本源〜夏坂健、摂津茂和らの著作を手がかりに」ゴルフの科学、第 22 巻第 1 号、1-10 頁を加筆修正した。

【参考文献】
○近藤良樹『フェアの精神（論文集）』http://ir.lib.hiroshima-u.ac.jp
　/metadb /up/ZZT00002/fair_kondo_yoshiki.pdf
○夏坂健（2002）『ゴルフの達人』日経ビジネス人文庫

164　ゴルフに見るスポーツの本源

○日本ゴルフ協会、2008 年版ＪＧＡゴルフ規則

○佐山和夫（2009）『古式野球―大リーグへの反論』彩流社

○摂津茂和（1976）『19 番ホール』日本経済新聞社

○摂津茂和（2001）『新装版　不滅のゴルフ名言集』ベースボール・マガジン社

第7章

新しいスポーツ倫理の視座

- オリンピックと身体
- 男女別競技からスポーツの平等と公正を考える

オリンピックと身体

　2020年に東京オリンピック大会が開催されます。楽しみですね。夏季オリンピックは1940年（中止）、1964年以来です。1回目は中止でしたから2回目の開催となります。

　ところで、皆さんはCitius、Altius、Fortius（Faster、Higher、Stronger）を知っていますか。「より速く、より高く、より強く」というオリンピックを象徴する標語です。これから徐々に説明していきますが、「オリンピックと身体」との関わりを論じる時は重要な考え方となり、選手らの身体を拘束、規制、変容させていきます。

　この「より速く、より高く、より強く」は近代オリンピックの創始者、ピエール・ド・クーベルタンの友人の校長が同校のラグビー選手らに語ったことのようです。クーベルタンは1914年に考案した五輪マークの中にこの標語を描いて、1920年の第7回アントワープ大会で初登場させました。（図1）[1]。

図1：オリーブとモットーと五輪マーク

では、この標語にどのような意味があるのでしょうか。その説明が『The Olympic symbols』の「motto」[2] にあります。それによると、「この標語は人生哲学もしくは順守すべき行動規範をまとめた用語であり、競技の中で全力を尽くすことを選手に促している」と説明されています。有名なクーベルタンの格言、「人生で最も重要なことは勝利ではなく闘うことで、その本質は勝利したことではなく、よく闘ったことにある」、「己を知り、己を導き、己に打ち克つことが、競技者の義務であり本質である」の2つには、彼のオリンピックに込められた願いが表れています[3]。

近代オリンピックが始まった頃の競技は、現在と比べて実に牧歌的なスポーツ風景でした。ただし、厳格なアマチュアリズムに包囲され、他人の力を借りず自分自身の力によって全力を尽くし闘うことに価値がありました。その後、歴史が進む中で、個人の競い合いのオリンピックは、Citius、Altius、Fortius の標語の下に、国家が関与、利用していくオリンピックへと大きく変貌していきます。

ここでは、三浦雅士が『身体の零度』[4] の中で展開した所論をヒントにして、オリンピックの標語（Citius、Altius、Fortius）によって選手の身体がどのように変容していくかを論じます。

最初にこの世に生を受けた個人の身体が社会的な身体へと変容していく過程について、日本人の身体変容（政治による身体管理）を事例に説明します。次に、オリンピック競技に適した身体として、「より速く、より高く、より強くの解釈」、「アマチュアとしての選手の身体」、「不法に臨界点を超えた選手、関係者たち」、「越境する選手たち」を描き、最後に、まとめとしてオリンピックと身体の未来を展望します。

168　オリンピックと身体

身体の可変性・可塑性

　近年のオリンピックの記録向上やパフォーマンスの高度化を見ると、人間の身体はどのように変わってきたのか、またどのように変わる可能性があるでしょうか。「オリンピックと身体」を考える前提として、まずは人間の身体の可変性や可塑性について簡単に触れます。

①ヒトの身体から社会的身体へ

　スイスの生物学者、アドルフ・ポルトマンは、『人間はどこまで動物か』において、「就巣性（巣に座って、保護者や擁護者の手助けを必要とする）」の鳥類と、「離巣性（誕生後、直ちに活動を開始できる）」のは乳類を観察し、本来ならば他のは乳類と同じく「離巣性」であるはずの人間が「生理的早産」であることを洞察しました。「子宮外早産の1年」の研究は人間の新生児の特殊性を明らかにしました。「人間は『巣立つ』ことのできない『巣立つもの』であり、『巣に座っているもの』でありながら『巣立つもの』の、開かれていて、よく感覚できる感覚器官を持つものである。人間の誕生時の状態は1つの特殊な人間的な『変異』ともいうべきものであり、それは真の『巣立つもの』の系統をひき、しかも大変早い時期に子宮から出されてしまった『乳のみ子』なのだ」[5]とポルトマンは語ります。この特殊で人間的な変異こそが「生理的早産」の意味で、人として生存するための特殊な存在様式となっています。

　人は誕生からほぼ1カ年の間に急速に生育が進み、初めて一般的なは乳類の離巣の状態になります。このことは人が社会的接触という意味での広義の教育機能（社会的関係性）によって生誕から、文字通り、人の間の人間となっていく特徴です。ただし、人は誰もが自分の生まれる場が選べませ

ん。特殊な時間的、空間的な世界に生まれ落ちる運命にあります。当該世界の文化的な制限の中で生育し、新生児から社会的人間へと成長していきます。その間に様々な身体に関わる技術を会得します。ただし、歩くとか、座る、つかむといった極めて原始的な身体的動作にも、文化によって異なるスタイルになります。人間の身体は文化によって違いますから、当然、歩き方も日本人と西洋人は違いますし、古今でもそうです。三浦雅士が『考える身体』の中で、「昔の日本人は、手足を互い違いに出す今のような歩き方はしていなかった。右手右足を同時に出す、いわゆるナンバのかたちで歩いていたのである。腰から上を大地に平行移動させるようにして、摺り足で歩いていた。今でも、能や歌舞伎、あるいは剣道などにはこの歩き方が残っている」[6] と指摘し、野村雅一もまた、「日本の民衆の伝統的姿勢は、（中略）腰をかがめ、あごを突き出し、四肢がおりまがった姿勢であって、歩くときも膝がまがったままであり、腕の反動も利用することはない。なまじ腕もふって歩くように言うと、右腕と右脚、左腕と左脚というように左右の手と足をそろえてつきだす、いわゆる『なんば』式で歩き出すのである」[7]。さらに武智鉄二も同じく、「日本人の農耕生産の基本姿勢は、いうまでもなく、ナンバであった。ナンバというのは、農耕生産のために全身労働においてとられる姿勢で、右手が前に出るときは右足が前に、左手が前に出る時は左足が前という形になる。つまり、現代人の歩行の体様において、手が足と逆の方向にふられるその姿勢と、まったく逆の動きになる」[8] と日本人のナンバの動き、歩き方を説明します。

　ポルトマン、三浦、野村、武智らの身体所作・技法に関わる説明からわかるように、人間はヒトとして特殊な生活世界に生まれ落ち、教育や社会との接触によって人となっていき、個々の生活世界の中で独自の身体所作・技法を身に付けるのです。人間は誕生から徐々に社会的人間になっていくことを利用して、明治政府は、日本人のナンバ歩きの改造を試みたのです。

②日本人の身体改造：歩き方を変える

　現代の子どもたちはリズムに合わせて歩くことができます。しかし、明治維新直後の日本人はリズムに合わせて行進できませんでした。当時は、集団移動、行進、かけあし、突撃、方向転換、腹ばいの前進などの動作がいずれもできなかった[9]と言われています。明治以前の身体は農耕生産には向いていても、近代軍隊の兵士や産業社会向きの身体ではないのです。どうやら日本人のナンバ歩きが大きな障害の原因でした。

　日本人の歩き方をナンバから近代社会に適合する歩き方に変えたのが、初代文部大臣の森有礼でした。森は、1885年（明治18年）の大臣就任の直前、兵式体操を全国の学校で実験するため教員を体操伝習所において養成することを決定しました。師範学校令、小学校令、中学校令が翌年の1886年に公布され、兵士として相応しい動作を身につけさせようとしました。この方針が全国に拡がると、日本人の伝統的なナンバ歩きが次第に失われ、代わって新しい身体所作を身に付けていきました。明治政府の教育改革によって、日本人のナンバ歩きは、兵式体操を通じて近代的な機動性のある集団行動ができる身体に変えられました。そして今ではリズムに合わせて歩くことができるようになったのです。

　このように人間の身体は、ある一定の目的のために、その動作、所作までも変革できるような「可変性・可塑性」があります。明治政府の教育政策によって、日本人の身体が変わったように、当該文化への志向性によって身体は変わる可能性があります。それは当然ながら「オリンピックに適した身体」にも該当し、選手の身体も変わっていきます。

第 7 章　新しいスポーツ倫理の視座　171

オリンピックに適した身体

　第 1 回（1896 年）アテネ大会から第 31 回（2016 年）リオ大会までの
120 年間、選手らの「身体」に着目すると、それぞれの時代に影響をうけ
た身体像が描けます。ここでは、①アマチュア規程に縛られていた時代
（1896 年から 1974 年）、②政治（ナショナリズム）に利用された時代、③
ドーピング問題に揺れる 1960 年代以降の時代、とりわけベン・ジョンソン
事件とマリオン・ジョーンズ事件をとりあげます。さらに④オリンピックへ
と越境する選手ら：パラリンピックからオリンピックへと越境する選手、オ
スカー・ピストリウスとマルクス・レームに注目します。ここで登場するの
は、Citius、Altius、Fortius を目指した選手たちの姿です。

① Citius, Altius, Fortius（より速く、より高く、より強く）の解釈

　オリンピックの標語には様々な解釈があります。樋口聡[10] は、この標語
がオリンピズムという教育的・倫理的理念に依拠しつつ人間の能力の限界
に挑ませると解釈し、個人内比較と他者比較に分けて説明します。個人内
比較は、通時的時間であり、過去よりも現在、現在よりも未来といった右
肩上がりの発展を信じて努力します。言わば、進歩主義的イメージであり、
過去の自己記録よりも、より速く、より高く、より強い自己へと変容させ
る動機づけとなっています。

　一方、後者の他者比較は、比較のまなざしを時間軸にすえて共時的な競
争の場に移します。そしてこの標語が近代スポーツ競技の本質的契機であ
る競争性を意味するものになります。オリンピックでも運動会でも 100 メー
トル走の選手は他の選手よりも速く走ろうとします。勝敗は別として全力を
尽くして走ろうとします。

172　オリンピックと身体

このように、オリンピックの標語は、個人自身の競争としても他者との競争にしても、進歩主義的イメージを描かせて、結果的に人間の能力の限界まで挑戦させます。

他にも、中村敏雄がオリンピック大会について、「クーベルタンが、この大会のモットー（標語）として採用した『より速く、より高く、より強く』は、次第にこの大会を、おそらくはクーベルタンの意図、目的に反して、『勝利至上主義』的性格のものへと変えていく導きの標語となった」[11] と評価し、人々が挑戦するための原動力となる標語のもつ危うさを看破しています。挑戦という思想は、近代オリンピックの歴史において選手に限らず国家もまた競争に駆り立てられる原動力となりました。

②アマチュアとしての選手の身体

1974 年にオリンピック憲章からアマチュアの文字が消えます。しかし、厳格なアマチュアリズムの時代は、クーベルタンが近代オリンピックを創始してから、彼が没するまでの 1896 年から 1937 年の間です。

1）映画『炎のランナー（Chariots of Fire）』に見るスポーツ観

オリンピック関連の映画、ヒュー・ハドソン監督の『炎のランナー』は、1982 年の第 54 回アカデミー賞作品・オリジナル脚本賞を受賞しました。この映画は 1924 年の第 8 回パリ大会に出場した 2 人のイギリス代表陸上競技選手を中心に、当時のイギリスのアマチュアリズムを含む権威主義的な排他的社会を描いた作品です。2 人の主人公は、走ることで差別と戦うユダヤ人のハロルド・エーブラハムスと神のために走るスコットランド宣教師エリック・リデルでした。

ハロルドは、パリ大会前年の 1923 年の競技会で敗北した後、ヘサム・ムサビーニをコーチとして雇います。この雇用について、ケンブリッジ大学の寮長から、プロのコーチに指導を受けることはアマチュアリズムにも、大学

にとっても相応しくないと非難されます。当時のアマチュアリズムとエリート教育の思想が映画の一場面に描かれています。

一方の敬虔なキリスト教徒のエリックは、金メダルが有力視されていたのですが、100 メートル予選が日曜日に実施されることがわかります。彼は日曜日の当該種目には出場せず、代替として 400 メートルに出場して金メダルを獲得するストーリーでした。週の 7 日目は神のための聖なる日（安息日）であり、それを順守しないことは神に背くことになります。

2）個人の人間形成から国家の政治的利用へ

創設時のオリンピック大会は個人やチーム単位の参加でした。それが国内オリンピック委員会（NOC）を通じて参加するようになったのは 1908 年のロンドン大会からです。当時はクーベルタンが描いていた「オリンピズム」に沿って大会が推進されていました。彼の有名な格言には、「オリンピアードで重要なことは勝つことではなく参加すること」、「人生で重要なことは勝利することではなく、よく闘ったこと」、「己を知り、己を導き、己に打ち克つことが、競技者の義務であり本質である」があります[12]。

これらのクーベルタンの格言が示すように、彼がオリンピック大会で目指したのは、スポーツがもたらす教育的効果による人間の育成、つまり健全な青少年の人間形成でした。その意味では、標語の Citius、Altius、Fortius は個人の努力目標でしたし、選手らのプロ化が懸念される中で厳格なアマチュア思想によってプロ化を防止しようとしていました。前項で登場したハロルドが選手個人の努力ではなく、プロコーチを雇用して社会的に非難されていたことがその象徴です。

アマチュアリズムが堅持されていた頃のオリンピック大会においては、「私は、楽しみのためにだけスポーツに参加し、そこから身体的・精神的・社会的効果を得ます。そして私にとってスポーツは、物質的利益を伴わず、レクリエーション以外の何物でもないことを名誉にかけて誓います」という

174　オリンピックと身体

宣誓書に選手たちはサインしていました[13]。また、IOC 会長だったラツール伯爵は 1930 年のベルリン会議の開会挨拶において、「スポーツは、決して政治的・商業的であってはなりません。また、大きな試合の数を、年間の休日の範囲内でおさまるように縮小することが絶対に必要です。休日とは、土曜の午後や日曜日などの、個人が思い通りにできる自由時間のことであり、アマチュアは、1 年に 3 回くらいスポーツにひたることできればそれで十分です」[14] と述べました。この挨拶からはアマチュアリズムが貫かれていた状況や IOC 会長自身の発言から、当時のオリンピック大会やスポーツに対する思想を垣間見ることができます。

　オリンピック大会には、1896 年第 1 回アテネ大会が 14 の国と地域から 241 名の選手であったのが、2012 年第 30 回ロンドン大会は 204 の国と地域から 10,931 名の選手が参加しています。120 年余にわたるオリンピックの歴史を見ると、クーベルタンが描いた理想と現実は徐々に離れていきます。特にナショナリズムの高揚によって、オリンピックは選手個人の人間形成から社会（国家）の代表としての選手利用へと変容します。ナショナリズムは国家間の競争を激化させます。厳格なアマチュアリズムをあざ笑うかのように、ステート（国家）アマチュア、スクール（学校）アマチュア、企業アマチュア、ミリタリー（軍隊）アマチュアといったプロとはいえない微妙なカテゴリーが出現して、オリンピックの理想自体を形骸化させていったのです。

　1936 年のベルリン大会は大会が政治的に利用された象徴的な事例です。この大会はヒトラー率いるナチス・ドイツの下でドイツ民族の優秀さを示すために、10 万人規模のスタジアムの建築をはじめ、青少年による聖火リレー、映画記録（民族の祭典）の作成、判定のための科学技術の開発が進められました。この第 11 回ベルリン大会のナショナリズムの高揚は、国家・地域間の Citius、Altius、Fortius 的競争の先駆けでした。

　第二次世界大戦後も米ソの冷戦がオリンピックに暗い影を投げかけまし

第7章　新しいスポーツ倫理の視座　175

た。1979 年 12 月、旧ロシアはアフガニスタンに軍事侵攻しました。それに
抗議したアメリカのカーター大統領は、翌年（1980 年）のモスクワ大会の
ボイコットも辞さないと警告し、実際に西側同盟諸国はアメリカに賛同して
大会をボイコットしました。日本は 246 人の選手団の派遣を予定していまし
たが、JOC 総会にて不参加を決めました。続く 1984 年のロサンゼルス大会は、
今度は東側諸国が報復として大会をボイコットしました。このように、1980
年代のオリンピック大会は東西冷戦構造の中で政治に翻弄されていました。

③不法に臨界点を超えた選手、関係者たち

　個人同士の競争、国・地域間の競争を問わず、Citius、Altius、
Fortius が過剰に作動すると負のスパイラルに陥ります。岡田猛が、標語
に含まれる内的論理が現実的には大多数の人々を疎外させ、現実レベルに
課される極限性を無視して、自らの心身を破壊するか不正な手段に依存せ
ざるをえなくなると警告していました[15]。中村敏雄もまた、この標語が「永
遠に過去『より』速くを目指さなければならないという必然と拘束を意味し、
換言すれば、そのためにはドーピングを合法化してでもという意味さえ内包
しており」[16] と指摘したように、ドーピング問題は徐々にスポーツやオリン
ピック大会を蝕んでいきました。過剰な競争原理、優勝劣敗主義に導かれ、
やがてドーピングが人間の臨界点も超えさせていきます。

1）1980・90 年代のドーピング問題

　最近ではドーピングという言葉は新聞やテレビでよく使われ、喜ばしくな
いですが一般的になりました。ドーピングを根絶するために、IOC（国際オ
リンピック委員会）はすでに 1968 年のオリンピック大会からドーピングを
禁止しました。しかし、禁止以降、ほぼ半世紀もの間、IOC がこのドーピ
ング問題に悩まされ続けてきた事実を一般の人々は知りません。さらに言う
と、1968 年以前にもドーピングと思われる不正な薬物使用がありました。

176　オリンピックと身体

それは、人間が行う競技会ではなく、競走馬への薬物投与でした。しかし、動物愛護や賭け事への公平さの観点から禁止されたのが 1930 年代です。

　競走馬には禁止されたようですが、人間の大会はどうだったでしょうか。その当時の資料を探してみると、1938 年のオリンピック憲章のアマチュア規定第 2 項には、「ある種の薬品や人工的刺激物の使用は、強く非難されなければならない。それがどんな方法であろうと、興奮剤を受け取ったり、提供した者はオリンピック大会への参加は認められない」という了解事項が見つかりました[17]。この了解事項から判断して、この時代には「ドーピング」という言葉ではないですが、選手らは競技力向上のために実際に薬物を使っていたことがうかがわれます。ゲームに内在する価値（内在的価値）を理想としたオリンピックから、政治的、経済的な外在的価値に傾倒していきました。オリンピック大会を利用するための有力な方法の 1 つがドーピングだったのです。

　1980 年代のスポーツは、Citius、Altius、Fortius に駆動され、驚異的な記録の達成や技の高度化が進みました。その要因として、中条一雄は、①用具や施設の改善、②練習方法の開拓、③技術の進歩、④栄養、生活環境の改善による選手の体力、体格の向上、⑤人材の発掘、⑥周囲の理解、⑦練習時間の増大、⑧スポーツの普及をあげています。とりわけ、科学の力を利用して選手たちを組織的に肉体の限界まで訓練した点をあげ、計画的に国際レベルの選手を生産していたと紹介しています[18]。ドーピングの真偽は不明としながらも、「東ドイツの少女たちは、筋力をつけるため男性ホルモンを注射され、一時的に男性化することまでやっている」[19] と述べ、10 代の有能な女子選手が科学によって飼育、ロボット化されていると指摘します。モントリオール大会（1976 年）において東ドイツの女子競泳選手が 13 種目中 11 種目の金メダルを獲得したことから、西欧諸国では中傷めいた噂が流れました。ドーピングは一時的に選手を興奮させてスポーツ能力

を高めながらも、健康を著しく損ねます。しかし、記録の極限を求める人間は使ってしまうと中条は指摘します。さらに初期ドーピング時代の興奮状態にさせる「興奮剤」の使用から、トレーニング期間中の「筋肉増強剤（アナボリック・ステロイド）」の出現を認めています。すでに 1964 年の東京オリンピックの時、「重量挙げや投てきの欧米の選手が、選手村の食堂で、白い粉末や錠剤をパクパク食べているのをよく見かけ、彼らは『魔法の薬』と呼んでいた」[20] と中条は紹介し、ステロイドの副作用についても触れ、女子選手は毛髪が抜け、生理不順になった事例があると報告しています。

　ドーピングの副作用の例を暴露し、強烈にドーピング防止対策を非難、揶揄したのがシムソンらです。彼らはオリンピック大会におけるディナー会場の出来事を伝えます。「だれもかれもスマートな身なりで、男は上等のスーツを身につけ、女はイブニング・ドレスに身を包んでいる。国際的な有名選手であり、現在の世界チャンピオンと隣り合わせになって、その姿に目もくらむばかり。ところでそのスター選手は、ゲストの中ではただひとり、ひげを剃ってこなかったらしい。だが、ここでびっくりするのは、そのエチケットをわきまえない不作法さにではない。そのチャンピオンが女性で、しかも、彼女は、その場の男たちよりも濃いひげを生やしているという事実なのである。ステロイド濫用の副作用が目に立つほどはっきり現れていて、彼女はどこからみてもすぐそう知れる大胆で、かつ成功した薬物選手だった」[21] と描きます。医者やコーチから科学的知識を伝授され、巧妙に薬物検査から逃れたドーピング選手がそこにいたのです。IOC や国際競技連盟が、ドーピングの弊害に警鐘を鳴らす文章を作成していても、それはあくまでも表向きの対応であって、徹底したドーピング根絶に力を注ぐことはなかったと、シムソンとジェニングスは厳しく非難します。

　そうした中で、1988 年の第 24 回ソウル大会におけるベン・ジョンソンの金メダル剥奪事件は、ドーピング史上最大のスキャンダルとなります。

178　オリンピックと身体

2）ソウル大会（1988 年）のベン・ジョンソン事件

　ベン・ジョンソン事件の真相は、カナダ政府によるデュビン調査委員会の報告書によって詳細が明らかにされています。その報告書によると、ベン・ジョンソンは、過去に何度もドーピングをしていました。しかし、ソウル大会の時のように、大会直前まで薬物投与のプログラムを実施したのは初めてでした。その事情を詳しく見てみます。

　1988 年 5 月に受傷した怪我の回復が悪く、フランシス・コーチとアスタファン医師は現状ではベンが金メダルを取れる状況にはないと判断しました。そのため彼らは、ソウル大会の男子 100 メートル決勝（9 月 24 日）まで 1ヶ月しか残されていない直前に薬物投与を行いました。陽性発覚のリスクを承知の上で、8 月 24 日、8 月 25 日、8 月 28 日の 3 度の接種が行われました。特に、最後の 8 月 28 日のスタノゾロール（筋肉増強剤）が陽性結果に結びついたと、デュビン調査報告書は結論づけています。直前のコーチ、医師による 3 度の薬物投与、トロントとソウルの時差、薬物摂取の隠蔽用ドリンクの不摂取などにより、ベン・ジョンソン自身、19 回目の薬物検査は陽性反応を示したのです[22]。

　ベン・ジョンソン、フランシス、アスタファンという選手、コーチ、医師は、三位一体となり、確信犯的にドーピングを行っていました。彼らをドーピングに踏み切らせる原因は、1980 年代のドーピング検査の方法にありました。すなわち、当時の検査は、大会期間中（In-Competition）に検査が実施されていました。そのために大会中の薬物検査までに体内の薬物使用の痕跡を消せれば、陽性反応せずにドーピング違反にはなりませんでした。要するに当時のドーピング検査は違反にならない抜け道があったのです。デュビン調査委員会の勅撰弁護士のロバート・アームストロングは、「IOC 医事委員会はもう何年も、競技大会時に行うステロイドの検査はまったく時間の無駄だと知っていたはずだ」[23] と厳しく糾弾しています。1988 年のベン・

ジョンソンの事件後、1990 年 5 月からは、ドーピング検査は競技会検査に加えて、抜き打ち検査としての競技会外検査（Out-of-Competition）が実施されることになりました。大会期間中の検査に加えて、トレーニング期間中に使用する筋肉増強剤を取り締まることになったのです。

このように競技会検査に競技会外検査が加わりました。しかし、やっかいな問題が生じていました。それはドーピング検査の前提は薬物が検出できることで、検出できない薬物はドーピングと判定できません。判定できない薬物として、1980 年代に、成長ホルモン分泌不全性低身長症の治療薬である「ソマトロピン」が開発されていました。この薬はヒト成長ホルモンですが、当時は成長ホルモンに対する有効な検査方法はありませんでした。中条の文献の中にも、「これは人間の脳下垂体からとれる成長ホルモンの一種で、筋肉の増強効果はステロイドやテストステロンより高く、人間のホルモンだから検出が困難のうえ副作用も少ない、といわれる」[24] と記載されています。このヒト成長ホルモン剤に選手、コーチ、医師らは注目しました。検出されないもしくはされにくい薬物はメダルを獲得する有効な手立てになります。

ドーピング問題が深刻なのは、薬物を需要する選手側だけがドーピングに関与するのではなく、供給する側の製薬会社までもがドーピングに加担している点です。それが明らかになったのが、マリオン・ジョーンズ事件でした。

3）バルコ・スキャンダル[25]

マリオン・ジョーンズは、アメリカを代表する女子陸上競技選手でした。彼女は、2016 年現在でも破られていない、100 メートル（10.49 秒）、200 メートル（21.34 秒）の世界記録をもっている故フローレンス・ジョイナー（1998 年没）の有望な後継者でした。2000 年の第 27 回シドニー大会において、彼女は 3 個の金メダルを含む 5 つ（100 メートル、200 メートル、走り幅跳び、400 メートルリレー、1600 メートルリレー）のメダルを獲得しま

した。しかし、ドーピングの発覚により、過去の記録（自己ベスト：100メートル10.65秒など）はすべて抹消され、獲得したメダルはすべて返還されました。

　アメリカの補助食品（サプリメント）を製造するバルコ（BALCO）社は、当時、ドーピング検査で検出されない競技力向上薬物を選手に提供していました。関与した選手は、陸上競技、野球、ボクシングなどの複数の競技に及びました。2003年、世界一流の選手らがドーピングを行っていたことが判明しました。公表された27名の選手の中にマリオン・ジョーンズもいました。この事件はバルコ・スキャンダルと言われました。ドーピングに関与した選手らは世界アンチ・ドーピング機構（WADA）や全米アンチ・ドーピング機構(USADA)の薬物検査によってドーピングが発覚したのではありません。スキャンダルの発覚は、2003年の夏、あるコーチが注射器をUSADAに送りつけました。そこから調査が開始されました。他方でバルコ社は脱税容疑で起訴されていました。多くの一流選手に禁止薬物が提供されていたようです。しかし、マリオン・ジョーンズは当初ドーピングを否認したため、法廷偽証罪に問われました（禁固6ヶ月の実刑）。彼女は、世界記録保持者のジョイナーの後継者として期待されていましたが、当時の検出技術では陽性反応を示さないテトラハイドロゲストリノン（THG）への誘惑を断ち切れず、ドーピングに手を染めました。

　1980年代のベン・ジョンソン事件では、選手、コーチ、医師の三者が協力して、計画的にオリンピックの金メダルが獲れる身体を創りあげようとしました。しかし、2000年にはいると、今度は健康食品会社のバルコ社という企業までもが金メダル獲得に向けた身体向上に関与しました。オリンピックと身体をめぐっては、ドーピングによって金メダルが獲得できる身体に改造され続けた歴史があります。

4）ドーピング防止策と未来の懸念

第 7 章　新しいスポーツ倫理の視座　181

　ドーピングはオリンピックと身体に関わる負の遺産です。誤った標語
（Citius、Altius、Fortius）の理解によって過度あるいは不正な方法とし
てドーピングに導かれます。選手や関係者にはあらゆる手段を用いても勝利
したいという欲望が根底にあります。

　こうした状況を解決するために、様々なドーピング防止策が講じられてき
ました。特に、WADA のルールは、陽性結果に対する無過失責任、推定無
罪の否認による厳罰対応をしています。ただし、ドーピング撲滅への毅然た
る対応が評価される反面、現行のドーピング検査システムは人権侵害では
ないかという批判もあります。

　例えば、ドーピング検査時には尿のすり替えなどの不正がないよう採尿時
に同性が立ち会う、ADAMS（アンチ・ドーピング活動に関わる世界中の情報
を一元的に管理、集約させる目的で WADA によって制作されたシステム）を
利用して向こう 3 ヶ月間の居場所情報（whereabout）を提供させる、さら
に 60 分枠（午前 6 時から午後 11 時まで）を毎日の検査可能時間として指
定させています。検査対象登録選手（RTPA：Registered Testing Pool
Athlete）が提出した情報の中で ADAMS によって管理できることは、ドーピ
ング検査の立案・実施内容、検査分析結果、居場所情報、治療目的使用
に係る除外措置（TUE：Therapeutic Use Exemptions）などがあります。
世界中のドーピング防止機関が ADAMS を通じて、これらの個人情報を管理、
共有できます。しかしこのようなドーピング防止体制は、選手自身の潔白を
立証するためであっても人権侵害ではないかとの批判もあります。

　とは言っても、ロシア陸上競技界で発覚したドーピング検査の不正、デー
タの改ざん、隠蔽など、組織的な関与の疑惑が取り沙汰され、ロシアの陸
上競技選手の 2016 年リオ大会の参加が危ぶまれました。結果として、ロシ
アとしてのオリンピック参加ではなく個人資格での参加となりました。組織
的なドーピング関与がオリンピック大会に暗い影を落としています[26]。

182　オリンピックと身体

　未来のドーピング問題にまで目を向けると、遺伝子治療を応用する方法（通称、遺伝子ドーピング）の導入が懸念されています。1990 年代の遺伝子工学の発展に伴って、すでに WADA は 2003 年にこの方法を禁止条項に追加しました。遺伝子ドーピングは、例えば、貧血や筋ジストロフィーの遺伝子治療の方法を選手に施してヘモグロビンの増加、筋肥大をはかるものです。遺伝子ドーピングはそれまでの薬物使用とは異なり、トレーニングを行わなくても生来の能力を高めます。極端な話、ベッドに横になっていても筋肥大し、激しいトレーニングは必要がありません。それが遺伝子ドーピングの大きな特徴です。本来の遺伝子治療の目的は治療ですから、激しいトレーニングは不要なのです。

　以上をまとめると、初期のオリンピック大会は、プロコーチさえも認めない厳格なアマチュアリズムを堅持し、個人の努力に価値がありました。しかしその後、個人の努力の範囲を超えて、コーチ、医師、企業、そして競技団体の組織的関与に至るまで、私利私欲、ナショナリズム的にオリンピックの場が利用されてきました。さらには、現代では遺伝子ドーピングまでもが懸念され、選手の生来の素質（nature）そのものが変えられ、自然な生育環境（nurture）を凌駕する時代を迎えようとしています。

　「オリンピックと身体」を歴史的に振り返ると、Citius、Altius、Fortius という進歩主義思想が科学技術と手を組んで人間の臨界・限界を超えさせる原動力となっていました。勝利を目指すため、あるいは自身の極限を超えるための人間の挑戦をどのように評価すべきかが問われます。単にドーピングが違法という言葉では片付けられない人間の欲望があります。Citius、Altius、Fortius によって競技能力は高められてきた反面、不法なドーピングへの関与によってますます非人間的な状況を招来させています。

第 7 章　新しいスポーツ倫理の視座　　183

④越境する選手たち：アスリートの身体＋装具

　1989 年の国際パラリンピック委員会（IPC）の発足に伴い、それまでの大会とは趣旨が変わりました。かつてはリハビリテーションが目的でしたが、それに不満や物足りなさを感じる選手らが、リハビリテーションではなく競技性を目指そうとしました。その結果、障がい者スポーツの様相が激変しました。もうひとつのオリンピックという意味のパラリンピックは、オリンピック開催年と同年に開かれるようになり、競技レベルは飛躍的に伸び、現在では、アスリートの身体に装具を着装することによって、オリンピアンと対等もしくはそれ以上の記録を出す時代に突入し始めました。

　ここでは、その先駆けとなったオスカー・ピストリウスと、現在、国際陸連がオリンピック参加認否に頭を悩ませるマルクス・レームの 2 人を紹介します。

1）オスカー・ピストリウス[27]

　オスカー・ピストリウス（南アフリカ）は生まれつき両足の腓骨がありませんでした。生後 11 ヶ月で両足のすねから切断する手術を受け、生後 17 ヶ月から義足をつけました。彼は高校時代に様々なスポーツ、例えば、クリケット、テニス、ラグビー、水球をしていました。高校時代にラグビーの試合で膝にけがをしましたが、その時に「チーター」という競技用義足をつけて陸上 100 メートル走に出場して優勝したのです。彼は、パラリンピックのカテゴリーでは T44（両足膝下切断クラス）ですが、当時の世界記録を上回っていたようです。2004 年の 17 歳の時、国内障がい者スポーツ大会に出場後、2004 年のアテネパラリンピック大会南アフリカ代表に選出されました。この時のパラリンピックでは 200 メートルを 21.97 秒の世界新記録で走り、金メダルを獲得しました。

　彼はカーボン製の義足を装着していたことから、「ブレード・ランナー（blade runner）」と呼ばれました。彼の競技成績が向上するにつれ、「ハイ

184 オリンピックと身体

テク」義足が不当に有利になっているとの批判が向けられました。2007 年の南アフリカ選手権の 400 メートルで 2 位になり、国際舞台に進出しようとしたとき、国際陸上連盟（IAAF）は新しい条項（144 条の 2）を競技規則に追加しました。それは、「競技能力を高める目的で、非使用者より有利になる人工的装置を使用してはいけない」という規則です。ピストリウスの人工的装置（義足）がこの規則に抵触するか否かを判定するために、ドイツのケルン体育大学で実験が行われました。その結果、「人工装置」に該当すると結論づけられ、ピストリウスは健常者と障がい者が一緒に行うレースの道が閉ざされました。

しかし、ピストリウスは、IAAF の結論を覆させるべく、スポーツ仲裁裁判所（CAS）に提訴しました。CAS による再実験が行われ、その裁定は他の選手より有利となっていないと結論づけられ、2008 年 5 月にこの義足論争に終止符が打たれました。

残念ながら、ピストリウスは、2008 年の第 29 回北京大会には標準記録が破れずにオリンピックには出場できませんでした。しかし、北京パラリンピックでは 100 メートル、200 メートル、400 メートルに出場して金メダルを獲得しました。その後の 2012 年の第 30 回ロンドン大会では初めてオリンピック代表選手に選ばれ、400 メートルの準決勝に進出を果たすと共に、オリンピックに続いて開催されたロンドンパラリンピックの 400 メートルで金メダルを獲得しました。

ピストリウスの場合は、オリンピックで健常者と一緒のレースに出場できましたが、CAS の裁定はピストリウス個人だけの適用でした。現在でも義足選手が他の選手よりも有利になっているという声が消えたわけではありません。そんな中で 2016 年の第 31 回リオ大会への出場が阻まれた選手がいます。それがマルクス・レーム選手です。

２）マルクス・レーム [28]

　マルクス・レームは、1988 年 8 月にドイツ・バイエルン州ゲッピンゲンで生まれました。2003 年夏、ウェイクボードの練習中に事故に遭い、右足のひざ下を切断しました。その後、義足をつけて陸上競技に挑戦します。2008 年 TSV バイエル 04 レバークーゼンに所属して、2009 年 IWAS ジュニア世界大会の走り幅跳びで優勝しました。翌年の 2010 年は同大会で走り幅跳び、100 メートル走、200 メートル走の 3 冠を達成しました。2012 年のロンドンパラリンピックでは走り幅跳びで金メダル、400 メートルリレーで銅メダルと活躍しました。そして、2015 年 10 月、自身が持つ障がい者（T44）の走り幅跳び世界記録を更新する 8 メートル40 を跳んだのです。彼の世界新記録は、パラリンピックではないオリンピックの 2008 年北京大会と 2012 年ロンドン大会の優勝記録である 8 メートル34 と 8 メートル31 を超えています。

　新聞報道によると [29]、2015 年になって国際陸連は義足が有利に働いていないことの証明を選手自身ですることを新しく参加条件としました。義足が有利に働いていないという挙証を自身で行うことは至難です。前述のピストリウスには不必要だった自身による挙証責任が、レームには課せられました。義足による跳躍選手が健常者の記録と肩を並べたことから、障がい者をオリンピックに出場させるか否かを判断する局面となりました。残念ながら、マルクス・レーム選手は義足が有利に働いていないという証明ができずに、リオ大会の出場を断念しました。

　ところで、先天的障害（クリッペル・トレノニー・ウェーバー症候群）により歩行が困難でありながら、プロゴルフツアーにおいて乗用カートの使用を認めてもらった選手がいます。それがケーシー・マーティンです。彼の場合は CAS ではなくアメリカの連邦裁判所で裁定されました。その際の判断の根拠が「合理的配慮（reasonable accommodation）」という考え方でした。

186 オリンピックと身体

2008 年の改正アメリカ障害者法に示された「合理的配慮」を参照してピストリウスやレーム選手の事例を説明すれば、義足を装着した状態で他の選手と同等となり、不当に得られた有利さではないと判断されます[30]。ピストリウスは、「義足論争は、僕個人のスポーツ活動やオリンピック出場の夢だけの問題ではない。これは差別の問題だ。競技に真剣に打ちこみ、十分な才能を発揮しているアスリートは誰でも、世界最高の舞台で競う機会を認められるべき」と主張します[31]。アスリートが義足などの装具によって、Citius、Altius、Fortius を目指し、すぐれた身体能力を開花させた場合、我々はどのように評価すべきなのでしょうか。世界最高のパフォーマンスを競う「オリンピック」と障がい者のスポーツ参加を促す「パラリンピック」が明確に棲み分けられていた時代にはない苦悩があります。科学技術の発展や障がい者へのまなざしの変化によって、オリンピックにおいて健常者と障がい者がどのように競い合うべきかが問われています。

オリンピックと身体から見た未来の展望

ここまでは三浦の『身体の零度』の所論から着想し、オリンピックの標語 Citius、Altius、Fortius によってオリンピックが変容していき、オリンピックに適した身体が創りあげられていく過程を辿りました。終わりにあたり、「オリンピックと身体」をめぐって、2 つのことを提案して、未来を展望します。

①未来のオリンピック

疎外とは一般的に人間が作り出したものによって逆に人間が束縛されることを言います。私たちのスポーツにおいても疎外が問題視されています。

第7章　新しいスポーツ倫理の視座　187

オリンピックに疎外の概念を援用すると、以下のように説明できます。すなわち、近代オリンピックはクーベルタンによって創始されましたが、オリンピック自体が変容していき、オリンピック向きに選手が束縛される状態になっています。スポーツやオリンピック向きに身体や人間性までも変容が強いられているのです。近年に見られるドーピング、意図的ルール違反、無気力試合、八百長など、枚挙にいとまがありません。ルールを順守することなく、秘密裏にルールを犯す行為は、倫理観の欠如、モラルハザードの状況です。自分たちがオリンピックにおける理想的身体像を描いて育てた文化から、逆に人間が疎外され非人間的文化に陥ることは回避しなければなりません。

　ハンス・レンクは、ドイツのボート競技のオリンピアン、金メダルチームのコーチ、さらには哲学者として、オリンピックの理想、あるべき姿を思索し、世に数多くの論文を出しています。彼は、オリンピックの3つの標語（Citius, Altius, Fortius）に "Pulchrius"（より美しく）と "Humanius"（より人間らしく）を加えて初めて、オリンピズムが達成できることを説きました。つまり、後者の2つを補った結果、オリンピック・ムーブメントの美的目標と人間的目標が達成されると主張します[32]。Citius, Altius, Fortius の抱える限界、陥穽（落し穴）に対して、美的目標と人間的目標を補完することによって、本来的な意味でのオリンピズムが実現されることをレンクは期待します。

　古くはクーベルタンが1912年の第5回ヘルシンキ大会において、文学や芸術もオリンピックに加えることを提案し、自らも匿名で「スポーツ賛歌」を投稿したといいます。現在の文化プログラムがそれに該当しますが、オリンピックには、個々の競技的課題の克服にとどまらず、その達成には美しさや人間的な意味、価値を伴うべきことが示唆されています。

　スポーツやオリンピックから人間が疎外される状況をつくるべきではありません。スポーツやオリンピックは人間のためにあるのであって、スポーツや

188　オリンピックと身体

オリンピックのために人間が存在するわけではありません。「より美しく」「より人間らしく」をオリンピックの標語に加えて、より文化性の高い活動としてのオリンピックを保持すべきでしょう。

②多様性を実現するオリパラリンピック

　哲学者のドリュー・ハイランドは、プリンストン大学バスケットボール部のスター選手でした。彼はかつて「スポーツに参加する人々にとっては最高のパフォーマンスに関心があるために、選手らの出自、人種、年齢、性別など無関係である。スポーツの価値からは、競技能力の結集、総和だけが、唯一、不可欠の関心事である。人種差別などしていては最高のチームはできないし、スポーツ界から社会の人種差別に風穴をあけられる可能性がある」[33] と論じました。

　前述した「越境する選手たち」の中で、ピストリウスは、当初2008年の北京大会へ参加資格が認められなかった時、彼は健常者と障がい者が同じ大会で競い合えないのは「差別だ」と非難しました。オリンピックとパラリンピックが棲み分けられていた時代がありました。しかし、今では確実に変容しつつあります。

　鷲田清一は、「男らしさだとか、学生らしさ、子どもらしさなどといった規定（つまりはだれもが囚われている強迫観念）には、よく注意する必要がある」とし、固定的観念、固執的思考は、「わたしたちの存在の可能性を、1つのイメージ、1つの解釈のうちに閉じ込める」ので、「文化というものはつねに共同体の外にある別の文化との出会いと交換のなかで、たえず自己を組み換え、ずらしつつ、展開してきたのであって、純粋に綴じた文化など、おそらくどこを探してもありえない」[34] と述べています。オリンピックを固定的に把握することの妥当性を、今、改めて問い直す必要があります。

　また、哲学者のポール・ワイスは、人間の存在の重要性を知るためにス

ポーツの標準化を提案しました。彼の意図は、誰もが勝者となれる可能性を持たせ、多くの人のスポーツ参加を促すに留りません。体重、性、経験といった障壁を超えて、1人ひとりの人間に何が達成できるかを知る機会を提供させるためです。自らの潜在的能力を開花させる機会は、標準化という操作があって初めてできます。標準化のための「ハンディキャップ付きのスポーツ」によって、スポーツの場面における個々の違いを認め合うことで「人間の素晴らしさ」が実感できるといいます[35]。

　競技に真剣に打ちこみ、十分な才能を発揮しているアスリートは誰でも、世界最高の舞台で競う機会を認められるべきというピストリウスの意見に賛同すれば、オリンピックとパラリンピックとを融合させ、「オリパラリンピック」の下に集合することはできるかもしれません。健常者、障がい者、男女、老幼を問わず、多様性を尊重して個々を認め合うことは、オリンピック、パラリンピックの場はもとより、一般のスポーツの場面、社会においても重要です。1人ひとりの多様性を認め合うことで社会全体が強くなります[36]。オリパラリンピックによって国際社会における多様性への認識が高まり、クーベルタンが目指した世界平和としてのオリンピズムの実現に一歩近づくと思われます。

　本稿は、近藤良享「オリンピックと身体」、石堂・大友・木村・來田編著（2016）『知の饗宴としてのオリンピック』エイデル研究所：東京、92-118頁を加筆修正した。

【引用・参考文献】
1）IOC（2000）Olympism : Selected writings ; Pierre de Coubertin, IOC, p. 595.
2）「The motto」『Olympic symbols』The Olympic Museum, 2nd ed. 2007, p. 5
3）日本オリンピック・アカデミー編（2004）『21世紀オリンピック豆事典』楽、38-39頁

190　オリンピックと身体

4）三浦雅士（1994）『身体の零度』講談社選書メチエ

5）ポルトマン著、高木正孝訳（1961）『人間はどこまで動物か』岩波新書、224 頁

6）三浦雅士（1998）『考える身体』NTT 出版、54 頁

7）野村雅一（1983）『しぐさの世界』NHK ブックス、14 頁

8）武智鉄二（1969）『伝統と断絶』風濤社、27 頁

9）前掲書、20-21 頁

10）樋口聡「オリンピック標語と『日本的感性』をめぐる美学的断章」中村敏雄編
（2002）『オリンピックの標語の考察』、スポーツ文化論シリーズ 11、創文企画、
42-43 頁

11）中村敏雄「はじめに」中村敏雄編（2002）『オリンピックの標語の考察』、スポー
ツ文化論シリーズ 11、創文企画、4-5 頁

12）前掲書、日本オリンピック・アカデミー編『21 世紀オリンピック豆事典』
38-39 頁

13）西山哲郎「オリンピック標語とスポーツ固有の快楽」中村敏雄編（2002）『オ
リンピックの標語の考察』、スポーツ文化論シリーズ 11、創文企画、79 頁

14）グレーダー、四国スポーツ研究会訳（1986）『アマチュアリズムとスポーツ』不
昧堂出版、127 頁

15）岡田猛「より速く、より高く、より強く」は普遍か、中村敏雄編（2002）『オ
リンピックの標語の考察』、スポーツ文化論シリーズ 11、創文企画、120 頁

16）前掲書、中村敏雄編『オリンピックの標語の考察』5 頁

17）前掲書、グレーダー、131 頁

18）中条一雄（1984）『危機に立つオリンピック』朝日出版社、142-143 頁

19）前掲書、146 頁

20）前掲書、152 頁

21）ヴィヴ・シムソン、アンドリュー・ジェニングス、広瀬隆（監訳）（1992）『黒い
輪～権力・金・クスリ、オリンピックの内幕』光文社、283 頁

22）近藤良享（1997）「ベン・ジョンソン事件の真相究明～デュビン調査委員会報告
書を手掛かりに」体育・スポーツ哲学研究、第 19 巻第 2 号、9-24 頁

23）前掲書、ヴィヴ・シムソン他、308 頁

第 7 章　新しいスポーツ倫理の視座　191

24）前掲書、中条、156 頁

25）マリオン・ジョーンズ事件は、ウィキペディア「マリオン・ジョーンズ」（2016
0318 閲覧）、またバルコ社事件については、http://usatoday30.usatoday.
com/sports/balco-timeline.htm（20160318 閲覧）を参照のこと。

26）朝日新聞 2015 年 11 月 28 日

27）オスカー・ピストリウス、ジャンニ・メルロ、池村千秋訳（2012）『オスカー・ピ
ストリウス自伝～義足こそが僕の足』白水社

28）http://www.newsdigest.de/newsde/features/7522-markus-rehm.html（2016
年 1 月 8 日閲覧）

29）朝日新聞「Road to Rio：義足の跳躍　健常者超えの苦悩」2016 年 1 月 15 日

30）近藤良享『スポーツ倫理』（2012）不昧堂出版、203-206 頁

31）前掲書、オスカー・ピストリウス他、153-154 頁

32）Hans Lenk, An Anthropology of the Olympic Athlete – Towards a
Modernised Philosophy of the Olympic Game and Athletes(2008), Manfred
Messing & Norbert Mueller Eds. "S.O.S. – Save Olympic Spirit:
Toward a Social Philosophy of the Olympics (Selected Writings by Hans
Lenk)" Agon Sportverlag Kassel, 2012. p. 100.

33）Hyland, D.A. (1990)Philosophy of Sport. Paragon House: New York.
pp. 12-13

34）鷲田清一（1998）『悲鳴を上げる身体』PHP 選書、132 頁

35）Weiss, P. (1969) Sport : A Philosophic Inquiry. Southern Illinois
University Press. ポール・ワイス著．片岡暁夫訳（1991）『スポーツとは何
か』不昧堂出版

36）近藤良享（2016）「スポーツ・ルールにおける平等と公正～男女別競技からハン
ディキャップ競技へ～」スポーツとジェンダー研究、第 14 巻、1-13 頁

男女別競技からスポーツの平等と公正を考える

　ジェンダー研究は、先天的、本質的と思われてきた性別が、実際は、社会的、歴史的、文化的につくりあげられてきたことを明らかにしています。スポーツにおけるジェンダー問題もその状況は変わりません。特に、競技スポーツの大半は性差（sex difference）を前提にして男女別の競技が実施されています。この生物学的な性差によって固定的なジェンダー観がつくりあげられ、実際に社会資源、メディア、政策決定における男女の不平等、不公正な扱いになっています。

　スポーツとジェンダーの観点からみて、最も象徴的な実践は、中学校や高等学校の体育授業や運動部活動です。そこでは男女別を前提にした授業や運動部活動が展開されています。

　小学校の体育授業は男女一緒ですが、中学校や高等学校の体育授業は選択制は別として男女別で展開されています。大学体育は男女混合の授業が一般的のようです。ただし、身体接触を伴う教材においては男女別の配慮がされます。まとめると、学校体育は小学校と大学が男女混合、中学校と高等学校が男女別という授業形態です。

　他方、運動部活動は、中学校、高等学校、大学ともに男女別に活動しています。しかし競技レベルが高くなると様子が変わります。体育授業ならば身体接触を伴う単元は男女別の実施に配慮しますが、例えば柔道のように身体接触がある競技でも男女が一緒に練習します。もちろん大会は男女別の試合ですが、競技レベルが高くなると男女という枠を超えて、各自の競技能力、特に女子の競技能力を引き出すことに関心が向けられます。

　シンポジウムのテーマ「スポーツ・ルールにおける平等・公正」へのアプロー

チは、少し現実離れかもしれませんが、理想や理念を考える時は現実を一度括弧に入れてみることが大事です。ただし単なる絵空事ではなく、過去、現在を踏まえて、未来を描写してみます。

　ところで、プリンストン大学バスケットボール部のスター選手だった、哲学者のドリュー・ハイランドは、「スポーツに参加する人々にとっては最高のパフォーマンスに関心があるために、選手らの出自、人種、年齢、性別など無関係である。スポーツの価値からは、競技能力の結果、総和だけが、唯一、不可欠の関心事である。人種差別などしていては最高のチームはできないし、スポーツ界から社会の人種差別に風穴をあけられる可能性がある」(Hyland、pp. 12-13) と論じました。彼が唱えたスポーツによる社会変革の可能性という視点を参照して、「スポーツ・ルールにおける平等・公正」という課題に挑戦します。

　具体的には、前半では競技スポーツは「男女別の競技」が前提ですが、男女別に競技を行うことについて、スポーツ哲学・倫理学の研究者らがどのような主張をしているかを明らかにします。そして後半では、男女別競技からジェンダー・フリーへの可能性を検討します。これまでの男女別の競技形態に加えて、新たな形の未来スポーツを描くための方法として、「ハンディキャップ制の導入」を提案します。この提案において、競争型のスポーツ観だけではなく祝祭・参加型は、どのような価値が実現されるか、また私たち人間にどのような豊かさをもたらすかを考えていきます。現代社会のキーワードの「多様性(diversity)」に着目することによって、豊穣なスポーツの価値に触れられることを示します。

女性の競技スポーツ参加のこれまで

　まず、『スポーツ・ジェンダーデータブック 2010』を参照して、近代オリンピックの夏季大会の女子競技（含む混合）数の変遷を辿ってみましょう。この表から、近代オリンピックの始まりから、2012 年のロンドン夏季オリンピックまでの女性の競技スポーツ参加を読み取ります。

表 1 . 近代オリンピック夏季大会の女子競技数の変遷

回	年	開催地	女子	男子	混合	全体
1	1896	アテネ	0	9	0	9
2	1900	パリ	2	10	1	13
3	1904	セントルイス	1	11	0	12
4	1908	ロンドン	1	13	0	14
5	1912	ストックホルム	2	11	1	14
6	1916	中止（ベルリン）	-	-	-	0
7	1920	アントワープ	2	16	1	19
8	1924	パリ	3	16	1	20
9	1928	アムステルダム	4	13	1	18
10	1932	ロサンゼルス	3	13	2	18
11	1936	ベルリン	4	18	2	24
12	1940	中止（東京）	-	-	-	0
13	1944	中止（ロンドン）	-	-	-	0
14	1948	ロンドン	5	16	2	23
15	1952	ヘルシンキ	5	16	2	23
16	1956	メルボルン	5	16	2	23
17	1960	ローマ	5	16	2	23
18	1964	東京	6	18	2	26
19	1968	メキシコ	6	17	2	25
20	1972	ミュンヘン	7	20	2	29
21	1976	モントリオール	10	20	2	32
22	1980	モスクワ	11	20	2	33
23	1984	ロサンゼルス	13	20	3	36
24	1988	ソウル	16	22	3	41
25	1992	バルセロナ	18	24	3	45
26	1996	アトランタ	21	25	2	48
27	2000	シドニー	24	26	3	53
28	2004	アテネ	25	26	3	54
29	2008	北京	25	26	3	54
30	2012	ロンドン	26	26	3	55

第 7 章 新しいスポーツ倫理の視座 195

この表 1 からわかることがあります。まず、第 1 回アテネ大会（1896 年）は男子 9 競技だけで開催されているので、女性はオリンピックに参加していません。つまり、近代オリンピックの始まりに女性競技がなかったことがわかります。続く第 2 回パリ大会（1900 年）は女子競技が 2 つありますが、テニスとゴルフでした。その後、2 つの大きな戦争が原因で 3 回の中止を挟みます、1964 年にはアジア初の東京オリンピックが開催され、団体種目として初めて女子バレーボールが加わりました。その結果、女子競技数は 6 になりました。当時の男子競技は 20 前後が実施されていましたので、1896 年の第 1 回から 60 年余の女子競技は、男子の数と比べて 1/3 程度でした。1960 年代の女子競技は、陸上競技、フェンシング、体操競技、水泳競技（含高飛び込み）、乗馬、カヌーで、そのうち女子フェンシングは男子競技と同じルールではなく女子用の簡易版でした。基本的に、個人競技で、身体接触がないものでした。

1964 年の東京オリンピック以降、徐々に女子の団体競技も増加していきました。そして 2000 年以降の大会はほぼ男女同数の競技になりました。さらに 2012 年のロンドンオリンピックでは、女子ボクシングが新たに採用され、男女同じ数の 26 競技が実施されました。

このように 1896 年から 2012 年までの約 120 年間の「夏季オリンピックの男女競技数の変遷」を概観してみると、前半の 1964 年の東京オリンピックまでは、男子競技の他に、身体接触のない、穏やかで、女子向きの種目が実施されていましたが、後半は徐々に女子競技が増えていき、2000 年以降にもなると男女ともほぼ同数の競技を行う大会になりました。蛇足ですが、最近の大会では、新体操やシンクロナイズドスイミング（2017 年 7 月からアーティスティックスイミングと改名）など女子だけの種目もあります。

スポーツ哲学者らはどのように男女別競技を考えているか？

　前項で見たように、わずかな混合競技、女子だけの種目を除き、原則としてオリンピック大会では男女別競技が実施されています。「分離すれど平等（separate but equal）」[注1] と言える男女別競技について、スポーツ哲学やスポーツ倫理学の研究者はどのような意見を持っているのでしょうか。彼らの所論を検討してみよう。

①ポール・ワイス（Weiss, P.）の所論

　まず、1960年代の女性競技は、穏やかで、身体接触がない、女性に相応しいものに限定されていました。しかし、国際スポーツ哲学会の初代会長のポール・ワイスは、男子競技を基準にして、女子競技を簡略したり、強度を緩和したり、改訂したりする状況に疑問を呈していました。一部の女子は傑出しているので、彼女らにハンディキャップを与えれば男性を凌ぐと考えています。そして、「身体的特徴や潜在能力のみによって男女を比較することは、私たちを騙して、数多くの問題を看過してしまう」（Weiss、p. 216）とした上で、彼は女性競技者に対しても「自分に試練が与えられるように、訓練し、練習するよう促され、そこで自分がどれだけ卓越できるかを知るべき」（Weiss、p. 225）と述べます。

　さらに「もし女性競技の可能性が男子と同じくらい重要と理解されれば、スポーツが単に男子のみではなく人類にも関わり、身体の卓越と身体を通した卓越のために捧げられる基本的な挑戦（enterprise）と見なされるべき」（Weiss、p. 228）とも主張します。女性競技者の潜在的可能性に着目すべきというワイスのメッセージが受け取れます。

　以上のようにワイスは、1960年代の女性競技者への偏見によって、彼女

第7章　新しいスポーツ倫理の視座　197

らが公平とは言えない不利益に苦しんでいると把握していました。ワイスは、スポーツによって卓越できる絶好の機会が提供されるがゆえに、男性はもちろん、女性にとってのスポーツの意味を理解すべきだと結論づけています。

②ロバート・サイモン（Simon, R. L.）の所論

　スポーツ倫理学者のロバート・サイモンは「スポーツの男女の公正（gender equity）」について、男女別競技をなくす立場と男女別競技をみとめる立場にわけて考察しています。前者の主張は、男女平等が男女を同じとする同化（sexual assimilation）と考え、後者は異なる集団が相互に依存しているとする多元的共存主義（pluralism）を唱えます。

　同化主義の考え方ならば、「市民権、正義、公正に性別はなく、また集会、宗教、言論の自由も、性別に無関係で、すべての人々の平等な権利である」（Simon、p. 132）と判断して、男女別に競技すべきではないとする。しかし、サイモンは多元的共存主義の考え方に賛同します。サイモンが支持する多元的共存主義は、すぐさま「分離すれど平等」を拒否せずに、仮に男女が別々に競技するとしても、男子向きや女子向きの競技も認めます。ただし、女子より男子を優位に位置づけることは拒否しつつも、顕著な性差があれば、それを公正な形で配慮すべきと考えています。サイモンにとっては、男女平等というのは性別をなくすことではありません。男女を分けないことが男女平等とする理念はスポーツ領域に当てはめられず、スポーツの男女平等が、すべての参加者に対する「等しい敬意と配慮（equal respect and concern）」としました。

③トルボーン・テンショ（Tannsjo, T.）の所論

　ワイスやサイモンとは別の視点で、男女別競技は男女差別だと唱えるのがテンショです。彼は、誰が最も優れているかを競うのがスポーツとすれば、

性差には関係がなく、男女がオープンに競技すべきと主張します。テンショは、男女別に競技を行っている4つの理由について、それぞれを論破します。

第1は、仮に男女別に競技を実施するにしても、体重別に階級を設ける場合と同じにする。つまり、男女をオープンに競技させるのは、安全上に懸念があるから体重別を導入するのであって、安全が保障されればボクシングを男女別競技にしなくてもよい。性別ではなく競技の特質に基づいて区別すべきだとテンショは言います。女子は男子よりも競技能力が劣るから男女別にして、女子が男子と競技することを禁止するのは、男女差別だと主張します。

2つ目の男女別に競技を行う理由は、仮に男女一緒に競技を行い、男子が女子に敗北すると、男子が女子に暴力的な反応を示さないかという懸念です。女子に敗北した時の男子の攻撃性を理由に男女別に競技を行うと主張されているのですが、その反論として、テンショは暴力行為を厳罰にすれば避けることができると言います。

第3の男女別に競技を実施する理由は、男女一緒の競技にすると、女子のモチベーションや気力が低下するのではないかという懸念からです。この点について彼は、性差ではなくジェンダーとしての問題があり、これまでの性的偏見に基づく弊害があるからだとします。確かに一部のスポーツのトップレベルは、男子競技者に限定され、女子競技者が加われなかったり、わずかになることを彼は認めていますが、それは黒人選手にトップレベルが独占されても、人種別の競技を実施していないのと同じと反論します。

4つ目は、女子スポーツには特有の価値観があるから男女別にすべきという主張への反論です。テンショは、現代のスポーツが、男性的特質に過度に価値づけられていることが問題であって、現在よりも激しくなく、穏やかにすれば、女子だけの競技にする必要はないと言います。

このようにテンショは、ジェンダーにまつわる偏見、先入観、固定観念を

第7章　新しいスポーツ倫理の視座　199

見直すと共に、競技スポーツの方法を改善すれば、男女別に競技を実施する必要はないと主張します。

④シェリル・ドゥルー（Drewe, S. B.）の所論

シェリル・ドゥルーは、教育機関におけるジェンダーの再生産を弱める方策を提示します。彼女は男女別競技（separate athletic system）が差別ではなく、合理的根拠がある区別（separate but equal with rationales）と考えます。もちろん、その場合でも公的資金、メディア、施設への平等のアクセス（equal access）や等しい敬意や配慮（equal respect and concern）は前提とする立場です。現状での男女別の競技は認めるとしても、将来的には男女別より競技能力レベル別に移行すべきとします。男女別の競技から競技能力別に移行するための暫定案として、以下の4つの方式を提案します。

①片道交差方式（one-way crossover approach）は、男女別チームをつくるが、女子は男子チームに入れるが、男子は女子チームに入れない方式
②割り当て方式（quota approach）は、チーム内人数の半数を男女それぞれ同数、割り当てる方式
③組み合わせ方式（components approach）は、男女別々のチームをつくり、両者の合計点によって勝敗をきめる方式
④分離一混合方式（separate-and-mixed approach）は、三種類のチームが作られ、第一のチームは競技能力別にして、後の2つは男女それぞれのチームをつくる方式

これらの方式について、ドゥルーは、おのおの長短所があるとしながらも、タイトルⅨの理念に基づく教育機関ならば、数多くのチーム、多種多様な

競技レベルのチームが準備されるだろうし、その上、参加者が希望すれば、どのレベルにおいても男女別ではないチーム編成ができるだろうと考えています。

⑤まとめ：男女別競技を考える

スポーツ哲学、スポーツ倫理学の研究者らが論じる男女別競技についての考え方をまとめると、将来的あるいは最終的な目標は、男女別の競技をなくしていく方向ですが、現時点では、ドゥルーのように現段階における暫定的措置の方式も提案されていました。

ところが、暫定的な措置といっても、タンブリーニの意見は前述のドゥルーと違っていました。彼は、女子がほぼ対等に競技できれば、今すぐにでも男女別競技を廃止するというものでした。また、男女の競技レベルに著しい差異がある場合は男女別競技を認めますが、レベルの差が縮まれば、男女別競技を廃止するという提案でした。彼の考え方は、子どもの頃から性別ではなく男女を一緒、統合した方式で競技すれば、男女はほぼ同じレベルに到達するだろうと予測します。彼は、子どもの時から男女別を前提にして競技をしないで、可能な限り、男女に同じ機会を与えるべきだとします。「男性的なスポーツに男女間の乗り越えがたい差を生み出す生物学的違いがあっても、その違いが確定されるのは否定的な社会的要因が除去された後の話だ」（Drewe、p. 181、川谷、p. 243）と主張します。

同じように田原も、世界記録の男女差の行方を占う中で、「世界記録への到達度に見られる男女の違いは、その国の競技種目のジェンダー・バイアス度を表しているといえるかもしれない。スポーツへの投資、強化政策、予算配分、習慣、トレーニング、指導、スタッフ、競技経験、利用施設、引退後の進路などのすべてにおいて、女性と男性が公平なスポーツ環境を得られているかを検証していく必要があるだろう。」（田原、p. 150）と述べ、男

第7章　新しいスポーツ倫理の視座　201

女共に同等のスポーツ環境が準備されれば、男女の競技レベルの差は今よりも確実に縮小される可能性をほのめかしています。

ジェンダー・フリー（gender free）のスポーツ世界へ

近代オリンピックが始まった時には、スポーツは男性だけの実施でしたが、その後、女性がスポーツに参入してきました。しかし、ほとんどの競技は男女別に行われ、男女別競技が当然と考えられていました。男女別に行うことには、安全上の問題もあったでしょうが、それ以上に競技能力の差があるからが、その理由でした。男性の競技と同じようなやり方で女性も実施するとなると、最初は男女間の競技レベルに差があるのは当たり前です。当たり前が固定的になると、男女の競技レベルの差も縮まる速度が遅くなります。

前項でとりあげた研究者の多くが男女別競技を必ずしも前提とする必要がなく、男女別競技をなくす方向が示唆されています。それはスポーツ界のジェンダーをなくしていく方向が求められてもいます。そこで後半では、ジェンダー・フリーのスポーツ世界を描くために、「ハンディキャップ」に着目します。

①ハンディキャップの思想

近代オリンピックが誕生して現代までは、あたかも「分離すれど平等」の考え方を競技に適用して、男女別にすることが合理的と見なされて固定化されてきました。それはジェンダー・スポーツと呼べるかもしれませんが、前項で展開したように、未来にはジェンダー・フリーのスポーツ界にしていく方向が示唆されています。ジェンダー・フリーの世界は、一般社会においてもなかなか達成することが難しい状況です。しかし、スポーツ界においては、

スポーツ・ルールは任意に創ることができます。参加者らが相互に承認すれば、「機会の平等」と「結果の平等」の両方が達成されます。形式上であっても機会と結果の平等の両方を満たす仕組みであれば、世界最速選手のウサイン・ボルトと一般人とが競走を行っても、全力を出し切った方もしくは運のよい方が勝者となる可能性が拓けるのです。

 それを実現する方法は、ハンディキャップ制＝スポーツの標準化（standardization）の採用です。ハンディキャップは一般的に障がい、不利な条件といった意味ですが、スポーツの場面ではハンディキャップをつけて競技する方法です。また、ここでのスポーツのハンディキャップは、潜在的能力（capability）の部分と理解することもできます。現在は潜在的能力であるため開花していなくても、仮に同じ素質と生育環境（nature and nurture）が整えば、今よりも高いレベルに到達できる可能性があります。

②過去のハンディキャップ制の実践

　中村敏雄は、「競戯から競技へ」を考察する中で、ハンディキャップ・レースについてふれます。1860年代の著書から、①その当時の陸上競技のスタート地点が選手ごとに異なるハンディキャップ・レースが行われていたこと、②そのレースを可能にするハンディキャッパーを職業とした人がいたこと、③競技会を渡り歩くプロの競技者もいたらしいことを報告しています（中村、p. 32）。さらには、当時の競技会は、半数以上がハンディキャップ・レースで行われ、1904年セントルイス・オリンピックでもハンディキャップレースがありました。中村が示した前頁の写真と挿絵です。

　中村の指摘によると、当時のスポーツは賭け事の対象であり、必然的に、賞金稼ぎのプロ選手の登場や不確定な結果を演出するためのハンディキャッパー（ハンディキャップを決める人）も洗練されていきました。ハンディキャッ

パーは、賭け事を楽しむ観客に、「勝敗の結果（もうけ）」だけの興味から、「勝敗の過程」にも関心を持たせるようにしました。つまり、ハンディキャップによって、勝負の結果と過程の両方を価値づけたのです。

　石井昌幸もハンディキャップについて言及しています（石井、pp. 727-728）。要約すると、近代スポーツには勝利追求の姿勢が中核でしたが、イギリス・スコットランドのハイランド地方には、伝統的競技会（ハイランドゲーム）がありました。そこでは、村の古老が「オフィシャル・ハンディキャッパー」となって参加者のスタート地点に差を設けました。つまり、スタート地点を参加者1人ひとりに違いを設けたのです。その古老の目利きが正しい場合には、ゴール前は大混戦となり、誰が勝者になるかが分からないのです。

　確かに近代スポーツの機会均等の思想は、全員が同じスタートラインから出発して、ゴールにおける差異を絶対視しています。

　石井の説明によると、ハンディキャッパーのいることが、論理的に実力がある人が勝者となる状況を、誰が勝者になるか分からない状況にしています。少し難しく言うと、競走の秩序（差異、確定）を混沌（差異の無化、不確定（運））に変換する装置として機能させているのです。さらに、ハンディキャッパーによって、祝祭（カーニバル）としての価値が認められていたこともわかります。このように近代スポーツには、絶対的な競技力の差を確かめる競技型と、参加者が共に楽しむ祝祭・娯楽型の異なる価値も見いだせます。現代のように競争型の価値に傾倒しすぎているのも少し見直す必要もあります。

③合理的配慮によるハンディキャップ思想

　近年、ハンディキャップの考え方には明確な変化が見られます。2つの事例をあげます。まず、ケーシー・マーティンというアメリカ人プロゴルファーが起こした裁判において、連邦最高裁判所は「合理的配慮（reasonable accommodation)」という新しい考え方を提示しています。

　1998 年の全米オープンで 23 位タイという実績があるマーティンは、先天性の循環障がい（クリッペル・トレノニー・ウェーバー症候群）のため、18 ホールを歩いてプレイできなくなりました。そこで、大会で乗用カートが使用できるように、米国プロゴルフ協会（PGA）に求めました。彼が主張する根拠は、1990 年の米国障がい者法（Americans with Disabilities Act of 1990、以下 ADA 法）により、活動の本質を根本的に変えないことを条件に、障がいを持つ人に妥当な便宜を図ることが認められているというものでした。簡単に言うと、障がい者が乗用カートを使用することで、ゴルフ競技の本質が根本的に変わるか否かが問われました。裁判の結果はマーティンに乗用カートの使用を認めたのですが、その際に出された考え方が「合理的配慮」です。

　その後、ADA 法の改正に伴って障がい者の権利はより拡大されました。すなわち、薬や義足によって障がいが軽減された状態で障がいを判断することが問題視され、いろいろな障がいを克服するための補助（物）の使用が認められるようになりました（近藤、2012、pp. 203-206）。

　もう 1 つの事例は、陸上競技のオスカー・ピストリウス選手（南アフリカ）です。彼は、カーボン製義足（肢）を両足に装着して走ります。「ブレードランナー」と呼ばれていました。両足切断クラスの 100、200、400 メートルの世界記録をもっていました。

　2008 年の北京オリンピックの頃になると、健常者の記録に近づき、陸上競技 400 メートルへの出場を目指そうとしました。ピストリウスは、国際陸上連盟（IAAF）にオリンピックへの参加資格認定を申請したのですが、国際陸連は認めませんでした。そこで彼は国際スポーツ仲裁裁判所（CAS）に提訴しました。同裁判所は、2008 年 5 月に国際陸連の判断を覆して、ピストリウスに健常者レースへの出場を認めました。残念ながら、2008 年の

北京オリンピックには出場できなかったのですが、続く 2012 年のロンドンオリンピックには、見事、出場を果たしました。

ピストリウスの出場を認めた CAS の判断根拠を類推すると、前述のケーシー・マーティンと同じ、「合理的配慮」という考え方です。つまり、改正 ADA 法によって障がい者の権利はさらに拡大されました。義足によって障がいが軽減され有利になったのではなく、義足を着けて健常者と同じ条件になるという判断です。義足の装着が有利なのではなく、装着して初めて同等のスタート地点に立てます。マーティンやピストリウスの例は、競技スポーツを行う上で、各種の障がいを克服するための補助的使用が法的にも認められ始めた証拠です。この「合理的配慮」という考え方により、健常者と障がい者との壁は低くなり、以前に比して自由に往来できる可能性が拡大しました。ハンディキャップに対する社会の考え方の変化が認められます[注2]。

④ハンディキャップによる結果の平等志向の実例

1) 競走馬・騎手のハンディキャップ制

前項でとりあげたハンディキャッパーは今でも活躍しています。それは競馬の世界においてです。ハンディキャッパーの任務は各馬が等しく勝利できる機会（可能性）を提供することです。換言すると、競走結果を不確定にして、どの馬が勝者となるかという賭け事の面白さを演出しています。競走馬にはそれぞれの特性があるため、牡馬・牝馬、馬の年齢、距離、ダート・芝、戦績、獲得賞金によってカテゴリーに分けられています。例えば、牝馬にはハンディキャップ（重量減）によって牡馬との差を調整したり、まだ一度も勝ったことがない馬同士による未勝利戦を準備したり、牡馬特別、牝馬特別といった雌雄別のカテゴリーも準備します。いずれも競走の不確定性を保証し、賭けごとが面白くなるように工夫されています。最初から勝敗が明らかな場合には賭け事は成り立ちません。

第7章　新しいスポーツ倫理の視座　207

　さらに興味深いことがあります。それは競走馬へのハンディキャップに留まらず、騎乗する騎手にもハンディキャップ制が導入されていることです。騎手は常に体重をコントロールして、騎乗する各馬が背負う「負担重量」に備えます。

　競馬場（名古屋競馬）のHPに掲載されている「騎手について」を見てみると、「負担重量」は騎手の体重と所定の馬装具類（鞍・腹帯・鞍下毛布・あぶみ等）の合計の重さで、ヘルメット、ゴーグル、ムチ、手綱などは含まれません。スポーツ紙や競馬専門紙の騎手の欄には☆、△、▲印のついている騎手がいますが、下記のような条件、すなわち、免許取得後3年未満で80勝以下であれば、重量負担が軽減され、女性騎手に関してはデビュー後、3年以上経過しても☆（1キロ減）です。

表2．減量騎手の負担重量の条件

免許取得年数	通算25勝以下	通算26勝以上50勝以下	通算51勝以上80勝以下	通算81勝以上
取得後1年未満	▲3kg減	△2kg減	☆1kg減	減量しない
取得後1年以上2年未満	△2kg減		☆1kg減	減量しない
取得後2年以上3年未満	☆1kg減			減量しない

但し、女性騎手は、経験年数、勝利数と関わりなく1kg減量

　表2に見られるように、ハンディキャップは細かな要素に分けられ、騎手としての実績に応じたハンディキャップも設定されています。この競馬界の制度は、賭け事の公平性や面白さを確保するためですが、同一地点から出発し、ゴール地点での勝敗の不確定を保障するための知恵があります。競走馬の能力、騎手の能力も個々のハンディキャップによって標準化し、競走馬、騎手の能力がより同等になるように工夫されています。

2）ゴルフのハンディキャップ制

　日本のゴルフ人口は減少傾向ですが、現在でも成人の間では最も親しまれているスポーツです。その人気の理由は参加する人の技能レベルが違っても、多種多様なゲームの仕方やハンディキャップ制を上手に使っているからです。日本ゴルフ協会の『2015 ゴルフ規則』（第 2 章用語の定義）を参照して、いくつかのゴルフのゲームを紹介しましょう。

　ゴルフのプレー形式は大別すると、マッチプレー（Match Play）とストロークプレー（Stroke Play）があります。

　マッチプレーには、 1 対 1 で競うシングル、 1 対 2 のスリーサム（Threesome）、2 対 2 のフォアサム(Foursome)があります。これら以外にも 2 人がお互いに対抗して、それぞれ自分のボールをプレーするスリーボール（Three-ball）、 1 人対 2 人のうちの良い方のスコアを競うベストボール、 2 人のうちの良い方のスコアと他の 2 人のうちの良いスコアを競うフォアボールがあります。

　ゴルフには、 4 人によるストロークプレーが一般的に行われ、個々にプレーします。このストロークプレーにも、 2 人一組で互いがパートナーとして 1 つのボールをプレイするフォアサム、 2 人一組がパートナーとしてそれぞれのボールをプレーして少ないストロークをそのホールのスコアとするフォアボールがあります（日本ゴルフ協会、pp. 36-37）。このようにゴルフはゲーム方式を多種多様にして、いろいろな楽しみ方を創造し、提供しています。

　もう 1 つの誰もが楽しめる仕掛けとして、プロゴルフ競技ではないですが、アマチュアで広く採用されているハンディキャップ制があります。このやり方によって、一般のゴルフ愛好者同士が、それぞれの腕前が違っても、参加者全員が優勝を目指せるゲームになっています。先の『ゴルフ規則』の規則 6 の 2 のハンディキャップ規程を見ましょう。

　a. マッチプレー：ハンディキャップ競技では、マッチを始める前に、プレー

ヤーは互いにそれぞれのハンディキャップを決めるべきである。（中略）プレーヤーは宣言したハンディキャップでプレーしなければならない。b. ストロークプレー：ハンディキャップ競技では、競技者は、毎ラウンド、委員会にスコアカードを提出する前に、スコアカードに自分のハンディキャップが記入されていることを確認しなければならない（日本ゴルフ協会、pp. 64-65）。この規則6はプレーヤーの責任を明記する項ですが、ハンディキャップ競技をゴルフ競技の1つの形式として、日本ゴルフ協会が認定していると理解できます。

　ところが単なる認定だけではなく、日本ゴルフ協会の説明によると[注3]、ゴルフはハンディキャップを活用して、年齢、性別を超えて様々なレベルのプレーヤーが同じフィールドで公平に競い、楽しむことができると謳っています。他のスポーツとの違いを強調し、ハンディキャップこそがゴルフの本質的価値、魅力の源とまで断言している点は注目です。

　ゴルフのようにハンディキャップ制を活用すると、技能差、年齢、性別などを超え、参加者の特徴に応じてプレーが楽しめます。この視点はゲームそのものを楽しむ方法として、ゴルフ以外のスポーツにも応用できることを覚えておきましょう。

ハンディキャップ制が創り出すジェンダー・フリー社会

　本項を終えるにあたり、スポーツを通じた人間の可能性を追究した哲学者、ポール・ワイスの言説に耳を傾けてみたい。

　ワイスは、彼の代表作 Sport: a Philosophic Inquiry の最終章において、スポーツの標準化（standardization）をテーマにして、ハンディキャップの概念とその効用を以下のように説明します。

210　男女別競技からスポーツの平等と公正を考える

ハンディキャップは、（現実には、体重、性、経験が違っても）、有利な人が不利な人に対して、同等の人同士の競い合いにするために与えられる。ハンディキャップは、有利な人には他の人のレベルと同じになるように制限条件が課せられ、他方、不利な人にはよりよい条件や高い得点を認めて、すぐれた選手と同等に勝者となれる機会を持つようにする。ハンディキャップは、明らかに、誰もが勝てるかもしれないという期待感を持って競い合うことができる。（Weiss、p. 232）

異なったスポーツ、ゲーム、参加者、環境への重みづけを理解すればするほど、もっと人間が等しい者として競い合う世界になる。年齢、性、経験の差に関係なく、自分に適合するハンディキャップあるいは重みづけによって、同一の試合を可能にさせる。（Weiss、p. 241）。

ハンディキャップによって不利な人が勝者となることが重要である。なぜならこのハンディキャップがもたらすマイナスを補い、ハンディキャップ付きによって、あたかもその人の全力で行われたかのように勝者の結果を扱うからである。私たちは、特定の個人ができることではなく、人間によって何ができるかを示すことができる。（Weiss、pp. 241-242）

ワイスがスポーツを標準化する意図は、誰もが勝者となれる可能性を持たせ、多くの人にスポーツ参加を促すだけではなく、体重、性、経験といった障壁を超えて、1人ひとりの人間に何が達成できるかを知る機会を提供させるためです。自らの潜在的能力を開花させる機会は、標準化という操作があって初めてできます。標準化のための「ハンディキャップ付きのスポーツ」によって、個々の参加者の出自、来歴、価値観などが違っても、それぞれの違いを理由に排除せず、違いを認め合うことにつながります。スポーツの場面において1人ひとりの違いを認め合うことで「人間の素晴らしさ」が実感できるのです。

多様性を尊重して個々を認め合うこと。それはスポーツに限らず、社会

においても重要です。1人ひとりを認め合うことで社会全体が強くなります。スポーツの標準化はジェンダー・フリー社会に近づく1つの方法論です。ジェンダー・フリーによって社会そのものが強くなります。そのことをスポーツ界から発進することは大きな意味・価値があります。

　本稿は、日本スポーツとジェンダー学会第14回大会（2015年7月5日、明治大学）のシンポジウムで発表した「スポーツ・ルールにおける平等・公正～男女別競技からハンディキャップ競技へ」を加筆修正した。

注1）「分離すれど平等」は、差別主義者が差別ではなく区別であることを正当化する考え方。

注2）ドイツのマルクス・レームは、障がい者陸上男子走り幅跳び（切断など）の世界記録保持者です。2015年10月に出した8メートル40センチの記録は2008年の北京オリンピック、2012年のロンドンオリンピックの金メダルの記録を上回っています。オスカー・ピストリウスに続き、2016年のリオオリンピックへの出場が期待されましたが、IOCの判断は保留され、結局、出場できませんでした。しかし今後、彼を含めた障がい者のオリンピック参加については議論となるでしょう（朝日新聞2016年1月15日）。

注3）日本ゴルフ協会は、2014年1月1日から新たなJGAハンディキャップ制度を導入しました。スロープシステムと称される新システムは、1986年に始められ、2010年現在、世界61の国と地域で採用されています。このシステムの最大の特徴は、ハンディキャップ・インデックスを各コースのハンディキャップに換算、調整している点です。これによって、世界中どこでプレーしてもすべてのゴルファーが公平にゲームが楽しめ、ゴルフの楽しみ方が拡大しています（日本ゴルフ協会、p. 2）。

【引用・参考文献】

○Bernett, H. (1986) Leichtathletik in historischen Bilddokumenten.

Copress Verlag Munchen.

○Drewe, S. B. (2003) Why Sport?:An Introduction to the Philosophy of Sport. Thompton Educational Publishing. Inc., シェリル・ベルクマン・ドゥルー著、川谷茂樹訳 (2012)『スポーツ哲学の入門～スポーツの本質と倫理的諸問題』ナカニシヤ出版.

○Hyland, D. A. (1990) Philosophy of Sport. Paragon House:New York.

○石井昌幸 (2015) ハンディキャッパーの思想. 中村・高橋・寒川・友添『21世紀スポーツ大事典』大修館書店. pp. 727-728.

○井谷恵子, 來田享子, 田原淳子 (2001)『目でみる女性スポーツ白書』大修館書店. pp. 32-40.

○近藤良享「体育・スポーツにおける男女平等」友添・近藤共著 (2000)『スポーツ倫理を問う』大修館書店：東京. pp. 90-96.

○近藤良享 (2012)『スポーツ倫理』不昧堂出版

○名古屋競馬：騎手について (http://www.nagoyakeiba.com/knowledge/kishu/qa25.html 2015年1月15日閲覧)

○中村敏雄 (1991)『スポーツルールの社会学』朝日新聞社. p. 32.

○日本スポーツとジェンダー学会編 (2010)『スポーツ・ジェンダーデータブック 2010』

○日本ゴルフ協会 (2013)『持つハンディキャップから使うハンディキャップへ』JGA Golf Journal. Vol. 93.

○日本ゴルフ協会 (2015)『ゴルフ規則 2015年度版』(公財)日本ゴルフ協会.

○Shearman, M. (1901) Athletics. Longmans, Green, and Co.

○Simon, R. L., Torres, C. R. and Hager, P. F. (2015) Fair Play:the Ethics of Sport. 4th ed. Westview Press.

○田原淳子「スポーツ記録とジェンダー」飯田・井谷編著 (2004)『スポーツ・ジェンダー学への招待』明石書店

○谷口雅子 (2007)『スポーツする身体とジェンダー』青弓社

○Tannsjo, T. (2000) Against Sexual Discrimination in Sport. Tannsjo, T. and Tamburrini, C. (Eds) Values in Sport. E & FN Spon. pp. 101-115.

○Weiss, P. (1969) Sport:A Philosophic Inquiry. Southern Illinois University Press. ポール・ワイス著 片岡暁夫訳 (1991)『スポーツとは何か』不昧堂出版

【著者紹介】

近藤 良享（こんどう・よしたか）

博士（体育科学）（筑波大学）

1953 年　岐阜県生まれ
1976 年　東京教育大学体育学部体育学科卒業
1978 年　筑波大学大学院修士課程体育研究科修了
1982 年　宇都宮大学教育学部講師
1985 年　筑波大学体育科学系講師
1995 年　筑波大学体育科学系助教授
2005 年　筑波大学人間総合科学研究科教授
2010 年　中京大学スポーツ科学部教授　現在に至る

改訂 スポーツ倫理　　　　　　　　© 2019　Y.Kondo

2019 年 3 月 22 日　初版発行　　　　定価（本体 1,600 円＋税）

著　者
近 藤 良 享
発 行 者　　　　　　　　印 刷 所
宮 脇 陽一郎　　　　　音 羽 印 刷（株）

発行所　（株）不昧堂出版　〒112-0012 東京都文京区大塚 2-14-9
TEL 03-3946-2345　FAX 03-3947-0110　振替 00190-8-68739

ISBN978-4-8293-0513-3　E-mail:fumaido@tkd.att.ne.jp　Printed in Japan